GTB
Gütersloher Taschenbücher
1450

Klaus Berger,

geb. 1940 in Hildesheim, Professor für Neutestamentliche
Theologie an der Ev.-Theol. Fakultät der Universität
Heidelberg

Klaus Berger

Darf man an
Wunder
glauben?

Gütersloher Verlagshaus

Die Deutsche Bibliothek – CIP-Einheitsaufnahme

Berger, Klaus:
Darf man an Wunder glauben? / Klaus Berger. –
1. Aufl. der Taschenbuchausg. –
Gütersloh: Gütersloher Verl.-Haus, 1999
(Gütersloher Taschenbücher; 1450)
ISBN 3-579-01450-1

ISBN 3-579-01450-1
1. Auflage der Taschenbuchausgabe 1999
© Quell / Gütersloher Verlagshaus, Gütersloh 1999

Das Werk einschließlich aller seiner Teile ist urheberrechtlich
geschützt. Jede Verwertung außerhalb der engen Grenzen des
Urheberrechtsgesetzes ist ohne Zustimmung des Verlages unzulässig
und strafbar. Das gilt insbesondere für Vervielfältigungen, Übersetzungen,
Mikroverfilmungen und die Einspeicherung und Verarbeitung in
elektronischen Systemen.

Umschlaggestaltung: INIT, Bielefeld
Gesamtherstellung: Clausen & Bosse, Leck
Gedruckt auf chlorfrei gebleichtem Werkdruckpapier
Printed in Germany

Inhalt

1. Teil:
Wunder im Kreuzfeuer der Diskussion

11 ZUR EINFÜHRUNG

12 Ein Wunder und viele Fragen
12 *Primitive Vorstellungen?*
13 *Unwillkommene Gäste?*

16 Zwei Standpunkte

18 ANDERE ANTWORTVERSUCHE

18 Wunder als Symbol

19 Konkretionen

19 *Heilung und Sündenvergebung (Markus 2,1–12)*
22 *Blindenheilung (Markus 8,22–26)*

25 Wunder als parapsychologisches Phänomen

29 RATIONALISTISCHE WUNDERKRITIK

29 Wunder in der Sicht rationalistischer Bibelauslegung

32 »Saubere Wissenschaft«
32 *Tatsachenglaube*
34 *Tatsachenleugnung*
35 *Kritische Anfragen an die skizzierte Art von*
   »Wissenschaft«
36 *Einige unangenehme Feststellungen*
37 *Fremdes verstehen, bezogen auf Fakten. Ein Beispiel*

38 *»Ich glaube nichts gegen den Verstand«*

39 Wunder und Wahrheit

2. Teil: Was ist überhaupt ein Wunder?

41   Wo fängt das Wunder an?
41   *Eigentlich ist alles ein einziges Wunder*
42   *Eingrenzung*

44   »Wunder gibt es einfach«
45   Muß man an Wunder glauben?
46   *Menschen der Bibel*
46   *Jesus kann nicht heilen*
48   *Worauf richtet sich der Glaube?*
49   *Menschen der Gegenwart*
50   *Darf man an Wunder glauben? –*
      Wunder in der modernen Theologie

52   Konkretionen
52   *Was ist das für ein Glaube? (Lukas 7,1—9)*
56   *»Dein Glaube hat dich gerettet«*

3. Teil: Wie kann es heute Wunder geben?

61   Ist Wunderglaube überholt?

63   Drei Dimensionen des Glaubens

65   Zugänge zur »Wirklichkeit«
65   *Gibt es wirklich »das« moderne Weltbild?*
65   *Verschiedene Arten der Wahrnehmung*
66   *Verschiedene Weltbilder heute*
68   *Die vier Türen*

70   Was ist »mythisch«? Klärung von Mißverständnissen
72   *Mythisches ist nicht faschistisch*
72   *Mythisches ist nicht irrational*
73   *Mythisches hat nichts mit Werkgerechtigkeit zu tun*
73   *Mythisches bedeutet nicht Triumphalismus*

75   Mythische Erfahrung heute
77   *Mythische Zeiterfahrung*
78   *Mythisches Sprechen*

79	*Mythische Ortserfahrung*
80	*Mythische Ordnungserfahrung*
80	*Mythische Personalität*
81	*Mythisches Schweigen*
82	*Gemeinsamkeiten der mythischen Erfahrungen*
83	*Konsequenzen für die Wunder*
85	*Zur Vermittlung mythischer Erfahrung*
88	*Offene Fragen*
91	Mystische Fakten
94	Was den Weg zur Wundererfahrung blockiert
94	*Der Leib und seine Ordnung*
96	*Exorzismus heute*
98	*Der Leib als sensibles Fluidum*
99	*Person und Ding als Einheit*
101	Wie wirkt Gott Wunder?
101	*Wunder als Neuerschaffung*
102	*Wunder als Lösen der Fesseln*
103	*Rettung durch den eigenen Glauben*
105	Wie handelt Gott überhaupt in der Welt?
105	*Die moderne Diskussion*
106	*Wie man über Wunder nicht reden sollte*
106	*Wunder und die anderen Zugänge zur Wirklichkeit*
111	Offene Fragen
113	Konkretionen
113	*Wie das Wort übergreift (Apostelgeschichte 4,23—31)*
117	*Wunder als reine Unmöglichkeit (Speisungsberichte)*

4. Teil: Wunder contra Naturwissenschaft?

120	Anfragen
120	»Weiche« Fakten
121	»Harte« Fakten
122	Wunder contra Naturgesetz?
126	Wunder contra Verstand?

5. Teil: Heilung vom Heiligen her

127 Die heilsame Wirkung von Gottes Realpräsenz
128 *Das Heilige in der Welt*
129 *Das Heilige heute*
130 *Gegenwart Gottes als Ärgernis*
132 *Aufhebung der Unterschiede*
133 *Heiligtum und Vergebung*
136 Konkretion: Jesus nachts auf dem Meer (Markus 6,45–51)
141 Überfülle und Verschwendung
144 Strafwunder

6. Teil: Der Messias als Wundertäter

146 Die Taten des Messias
146 *Wunder sind typisch für Jesus*
148 *Jesu Wunder als messianische Taten*
149 *Aus Taten Gottes werden Taten des Messias*
150 Die Feinde des Messias
150 *Geistermächte und Dämonen*
151 *Das Meer*
152 *Unreinheit*
153 Heilungen am Sabbat
154 *Wunder und Auslegung von Gottes Gebot*
156 *Durfte Jesus Wunder tun – dürfen wir an Wunder glauben?*
156 Der Weg zur messianischen Gewißheit
158 Zweimal Senfkorn

7. Teil: Totenerweckung als Wunder

159 Jesus erweckt Tote auf

162 Konkretion: Die Tochter des Jairus
(Lukas 8,40–42. 49–56)

164 Die Auferstehung Jesu als Wunder

8. Teil: Ergebnis

166 Das Außerordentliche als Maß des Christlichen

169 Zusammenfassung: Der dritte Weg

172 Verzeichnis der Bibelstellen

1. Teil
Wunder im Kreuzfeuer der Diskussion

ZUR EINFÜHRUNG

Wunder sind beileibe kein Nebenkrater des Christentums. Nein, die Zukunft des Christentums hängt vielleicht davon ab, ob wir den Charme dieser sinnlichen Liebeserweise Gottes wiederentdecken können. Das Neue Testament ist voll von derartigen »Zeichen«. Von der Entstehung Jesu bis zu seinem Abschied ist sein Weg gesäumt durch »Wunder«. Und auch die Berichte über die Apostel wären wie halbiert, wollte man diese Dimension unterdrücken oder verschweigen. Nur Vernunft und Moral blieben übrig. Im Wunder aber greift die Botschaft über auf den Leib, und alles hängt davon ab, ob jeder einzelne als ganzer Mensch von der Mitte her geheilt und gesegnet werden kann, auch wenn es sich nur um eine Station oder um Stationen auf dem langen Weg zu Gott handelt. Wie bei der Rosette eines gotischen Doms ist alles, eben auch der Leib, auf die Mitte hingeordnet. Das Übergreifen auf den Leib ist charakteristisch christlich. Da auch die Auferstehung zu den Wundern gehört, gilt der Satz: Der Verzicht darauf würde das Christentum verwechselbar machen.

Wunder gehören in Wahrheit zum härtesten Brot, das das Neue Testament dem Theologen zu bieten hat. Die harmlosen kurzen Geschichten sind schnell auf die Topoi, auf die regelmäßigen Bausteine, hin untersucht, die immer wieder vorkommen. Aber danach fängt doch die Auslegung erst an, zum Beispiel bei der Frage, um welche Art von Wirklichkeit es bei den Wundern geht. Es ist ganz ungewöhnlich mühselig, hier auch nur Millimeter weit voranzukommen. Denn in den Wundergeschichten wird die Luft für den Exegeten dünn. Die

Furcht, den Texten nicht gerecht zu werden, zieht ihn nach unten, die Scheu, plötzlich abgehoben und im schlechten Sinne weltfremd zu reden, verlangsamt seine Schritte. Offensichtlich muß man in diesem unbegangenen Feld mit sehr unterschiedlichen Formationen rechnen, und es verriete nur Unerfahrenheit, wollte man die verschiedenen Wundergeschichten über einen Kamm scheren.

Ein Wunder und viele Fragen

Primitive Vorstellungen?

Da war auch eine Frau, die litt seit zwölf Jahren unter unstillbaren Blutungen. Sie hatte von vielen Ärzten manches erdulden müssen und ihr ganzes Vermögen aufgebraucht. Doch alles hatte nichts genützt, und es ging ihr immer schlechter. Da sie von Jesus gehört hatte, drängte sie sich durch die Menge von hinten an ihn heran und berührte sein Gewand. Denn sie hatte sich gesagt: Wenn ich nur sein Gewand berühren kann, werde ich gesund. Und kaum hatte sie sein Gewand berührt, da versiegte ihre Blutung, und sie spürte, daß sie von dieser Geißel befreit war. Und sogleich spürte auch Jesus, daß eine Kraft von ihm ausgegangen war, und er wandte sich zur Menge und fragte: Wer hat mein Gewand berührt? Seine Jünger sagten: Siehst du nicht, wie dich die ganze Volksmasse eingekeilt hat, und da fragst du noch: Wer hat mich berührt? Aber Jesus blickte um sich, um zu sehen, wer es getan hatte. Die Frau, die ja wußte, was mit ihr geschehen war, trat voll Furcht und Zittern vor, warf sich Jesus zu Füßen und erzählte ihm ihre ganze Geschichte. Und Jesus sagte zu ihr: Tochter, dein Glaube hat dich gesund gemacht. Geh hin in Frieden, und sei geheilt und befreit von der Geißel deiner Krankheit. (Markus 5,25–34)

Wir fragen: Die Grenzen zwischen Wunder und Magie sind doch wohl fließend? Wie soll Jesus merken, daß von seinem

Gewand Wunderkraft ausgeht? Was soll das für eine Kraft sein, die von Jesus ausgeht? Im Zentrum steht ein magischer Vorgang, denn Jesus hat nicht die Absicht zu helfen, er merkt nur, daß etwas von ihm »abgeht«. Wie kann solch ein dingliches, unpersönliches Geschehen »Glaube« genannt werden? Das Ganze ist vielleicht psychosomatisch zu begreifen – wie aber könnte man dann von einem Wunder sprechen? Wenn Jesus die Frau schon heilen kann, warum erkennt er sie dann nicht? Ist das nicht, falls es zutrifft, der Gipfel an Mißachtung der Person? Warum muß Jesus der Frau am Schluß nochmals zusprechen, daß sie gesund sei, obwohl sie das doch selbst schon weiß? Warum tritt die Frau »voll Furcht und Zittern« vor? Kann sie nicht froh sein, daß sie geheilt ist? – Aber hatte sie Jesus nach jüdischen Auffassungen nicht unrein gemacht? Warum wird Jesus durch sie nicht unrein?

Und wir fragen grundsätzlicher: Was hat das alles mit Jesu Predigt von Gott und Gottes Reich zu tun? Wie kommt es andererseits, daß außer in einem Satz über das Austreiben böser Geister (Lukas 11,22f) Jesus im Zusammenhang der Wunder nicht vom »Reich Gottes« spricht?

Ist die Erzählung historisch wahrscheinlicher, weil sie (in unserem Jahrhundert) psychosomatisch vorstellbar (geworden) ist? Oder sind die Wunderberichte insgesamt nur Legenden, die für naive Gemüter die Bedeutsamkeit Jesu erklären sollten? Warum spielen in paulinischen Briefen solche Berichte keine Rolle? War Paulus zu aufgeklärt für derartige massive Dinglichkeit?

Sind nicht alle sogenannten Wundergeschichten erfundene Wunschphantasien?

Unwillkommene Gäste?

Es gibt auch heute noch Menschen, die sich getrauen, Wundergeschichten zu erzählen. Otto Michel (1903–1993) war Professor für Neues Testament an der Universität Tübingen und Verfasser gelehrter Kommentare zum Römer- und zum

Hebräerbrief. In seiner 1989 erschienenen Autobiographie (Anpassung und Widerstand, 50–52) schreibt er über seine Tätigkeit als Klinikpfarrer in Halle:

»In einem Fall erklärte der zuständige Arzt mir vorher, daß eine 32jährige Arbeiterin aus Eisleben an einer Krebsgeschwulst litte und bald sterben werde... Als ich an das Bett dieser Arbeiterin trat, verlangte sie, daß ich darum beten möchte, daß sie bald gesund würde. Ich fragte sie, warum ich ausdrücklich darum beten sollte. Sie antwortete: ›Mein Mann und meine zwei Kinder haben mich so nötig.‹ Die Schlichtheit und Naivität dieser Erklärung hat mich tief ergriffen. In einem kurzen Augenblick wurde mir bewußt, wie weit aller akademischer Unterricht von jedem wirklichen Durchstehen einer schweren Lebenssituation entfernt war. Ich stand zwischen Mensch und Gott, zwischen menschlichem Wissen und Gottes Gebot und Verheißung... So kniete ich in dem Saal nieder und nahm Gottes Gebot und Verheißung ganz ernst. Ich betete um das Gesundwerden dieser Frau. Ich schloß das Gebet mit dem Vaterunser, und dieses Gebet beruhigte mich und gab mir inneren Frieden, daß ich recht gehandelt hätte... Nach 14 Tagen kam ich wieder auf die Station und traf den Arzt und fragte ... nach der Arbeiterfrau aus Eisleben, 32 Jahre, zwei Kinder, zweites Bett links in der langen Reihe. Da sagte der Arzt: In diesem Fall wisse er nicht, was geschehen sei: Die Frau laufe fröhlich herum und sei vollständig gesund geworden. Man finde keine Spuren.«

Als Kommentar schreibt Otto Michel:

»Daß Gott wahrhaftig sei, das hatte ich von der Theologie, von der Kirche gelernt. Daß er wahrhaftig und treu sei. Aber etwas Wichtiges war zu kurz gekommen: daß Gott nämlich wirklich ist, wirklich kommt und wirklich werden kann... Dem Gott, der Wunder tun kann, war ich erst sehr spät begegnet. Heilungen und Wunder sind eigentlich etwas ganz Einfaches. Aber zwischen dem Wunder und mir steht immer ein Mysterium. Das Anderssein Gottes.«

Wir lassen diesen Bericht hier unkommentiert. Aber die instinktive Abwehr, die sich gegenüber den Aussagen Otto Michels einstellen mag, erinnert an die Äußerung Heinrich Bölls (Gruppenbild mit Dame, 19. Aufl., Köln 1993, S. 306), daß wir Wunder insgesamt nicht ersehnen, sondern als unwillkommene fremde Gäste, die uns bestenfalls in Verlegenheit bringen, am liebsten abwehren: »Das Schlimme ist nicht, wie Sie vielleicht unterstellen, daß die Wunder manipuliert sind. Das Gegenteil ist der Fall: wir werden die Wunder nicht los! Wir werden die Rosen nicht los, die mitten im Winter dort wachsen, wo Schwester Rahel begraben liegt.« Heinrich Böll hat recht: Die Kirchen (inklusive der katholischen) sind allen »Wundern« immer mit einem unüberbietbaren Maß von Mißtrauen begegnet. Sie sind (besonders die protestantische) wie Deiche gegen das Wunder gebaut. Und wieder Böll: »Bestand oder besteht die Tragödie der Kirchen vielleicht gar nicht in dem, was man im Sinne der Aufklärung als unvernünftig an ihnen bezeichnen konnte, sondern in dem verzweifelten und auf verzweifelte Weise gescheiterten Versuch, einer Vernunft hinterherzurennen oder sie zu übernehmen, die niemals mit etwas so Unvernünftigem wie dem verkörperten Gott zu vereinbaren gewesen war oder wäre? ... Klare Antworten, klare Fragen, klare Vorschriften. Katechismustäuschung. Nur keine Wunder, und Poesie immer nur als Zeichen des Überirdischen, nie des Irdischen...« (Versuch über die Vernunft der Poesie, Erstdruck: Frankfurter Allgemeine Zeitung, 3. 5. 1973)

Wunder sind unheimlich, störend, wer daran »glaubt«, ist sozial ausgeschlossen. Der bedauernd-ironische Ton, mit dem Magazine über Wunderglauben berichten, spricht für sich. Als ich begann, Theologie zu studieren, schickten Verwandte an unsere Familie eine Postkarte mit einer barocken Kirche, in der Märtyrergebeine auf die zur Barockzeit übliche Weise herausgeputzt und auf reichen Gemälden üppige dazugehörige Wunder dargestellt waren. Die Verwandten schrieben dazu: »Der arme Klaus muß das alles glauben.«

Wahrscheinlich können sich nur Außenseiter oder Dichter und Weise bejahend zu dieser Wirklichkeit verhalten. Man kann fragen, ob das je anders war. Und die prophetischen Gestalten, die jede Zeit braucht, sind zumeist Außenseiter und Weise.

Zwei Standpunkte

Wir fragen: In welchem Sinne sind Wunderberichte wahr? Sind Wunder gerade so geschehen, wie die Milch in einem Topf überkocht? Ist man dann Christ, wenn man Wunder in diesem buchstäblichen Sinn für wirklich hält oder halten kann? Ist es nicht notwendig, die Bibel in diesem Sinne für wahr zu halten? Besteht nicht Glauben immer darin, etwas für wahr zu halten, das man nicht sieht? Ist alles andere nicht Verrat an der Wahrheit des Evangeliums?

Oder haben jene Erforscher des Neuen Testaments recht, die sagen, sie wüßten mit Bestimmtheit, Wunder habe es nicht gegeben, es handele sich bei den Wundererzählungen um Fabeleien oder um Betrügereien? Sind Wunder fromme Legenden, die man sich aus Anhänglichkeit an Jesus ausgedacht hat und die nur veranschaulichen sollen, was er den Menschen bedeutete? Wenn ja, dann sieht man die Bedeutung Jesu rein geistig, nur moralisch oder jedenfalls nur innerlich. Sollen die Wunder nur illustrieren, was Jesus innerlich und damit in Wahrheit bedeutet? War es nicht irgendwie notwendig, daß diese Legenden entstanden, und sind sie von daher verständlich? Aber ist das nun nicht überwunden? Geht es nun nicht darum, über solche naiven Legenden hinauszugehen? Darf man Menschen mit solchen Erzählungen etwas vormachen?

Wir sehen: Beide Standpunkte sind einander entgegengesetzt. Die erste Position hält fest an den »Fakten«, die zweite leugnet sie gerade ganz entschieden. Die Vertreter der ersten Position meinen, eben darin bestehe der Glaube, sich dieser

Wirklichkeit zu beugen. Die Anwälte der zweiten Position argumentieren: Glaube besteht in etwas ganz anderem als merkwürdige Geschichten zu glauben. Glaube sei ein herzliches Vertrauen, nicht ein Bestehen auf merkwürdigen Geschichten.

Beide Standpunkte haben seit vielen Jahrzehnten in ihrem unauflösbaren Streit Gemeinden entzweit und damit jeder für sich zur Entleerung der Kirchen vieles beigetragen.

Beide Standpunkte sind einander aber auch auf fatale Weise ähnlich. Denn beide gehen davon aus: Die Wirklichkeit des Wunders ist ganz in unserem Sinne, nach dem Verständnis des 20. Jahrhunderts aufzufassen. Die erste Position bekräftigt Wunder in diesem Sinne, die zweite Position lehnt sie gerade deshalb ab, weil die Wunderberichte angeblich in diesem Sinne gemeint sind und weil eben das eine Zumutung sei.

Die Vertreter beider Positionen schließen sich daher vorbehaltlos unserem gegenwärtigen und landläufigen Verständnis von Wirklichkeit an. Sie setzen voraus, daß die Erzählungen nach diesem Maßstab zu verstehen sind. Die einen bejahen sie genau in diesem Sinn, die anderen lehnen sie gerade deswegen ab. Von daher könnte man sie als Zwillingsgeschwister betrachten. Die erste Position nennt man »fundamentalistisch« (obwohl das Wort mißverständlich ist), die zweite »rationalistisch«.

Denn mit einem rechnen beide nicht: daß die Wirklichkeit eines Ereignisses zur Zeit und in der Wahrnehmung des 1. Jahrhunderts in Palästina etwas anderes gewesen sein könnte als heutzutage. Darum soll es hier gehen: Wir werden im folgenden überlegen, ob unsere »moderne« Weise, Wirklichkeit zu beurteilen, die endgültig einzige und »kompetente« ist. Zuvor müssen wir noch besonders auf die »rationalistische« Weise der Bibelauslegung eingehen, weil sie, jedenfalls in den Großkirchen des Westens, weithin herrschend ist.

Wunder als Symbol

Bereits das Neue Testament selbst legt Wunder symbolisch aus, und von daher ergibt sich eine erhebliche Neigung, dieses im modernen Sinne ebenfalls zu tun und dabei so zu verallgemeinern, als gehe es *nur* um Symbolisches und daher um nichts weiter Ernstzunehmendes. Denn »nur symbolisch« gedeutet wären die Wunderberichte das Ärgernis der Leiblichkeit los. Ihre Botschaft ließe sich dann auf die ganz normalen Richtigkeiten reduzieren.

Ein gutes Beispiel liefert das 8. Kapitel des Markus-Evangeliums. Jesus kritisiert die Jünger, weil sie nicht verstehen, was er mit dem »Sauerteig der Pharisäer« meint. Er wirft ihnen vor: *Ihr habt ein verstocktes Herz, habt Augen und seht doch nicht* (8,17.18). Als nächstes heilt er den Blinden von Bethsaida, eine Tat, die offenbar zu den Augen, mit denen die Jünger nicht sehen konnten, in Beziehung steht. Denn die nächste Szene stellt Petrus als den vor, der nun sehr wohl das richtige Bekenntnis sprechen kann: *Du bist der Christus* (8,29). Die Heilung hat daher symbolisch angezeigt, daß den Jüngern mittlerweile nun doch – nach Matthäus 16,17 durch »Offenbarung« vom Himmel her – die Augen geöffnet worden sind. Und soll nicht die Speisungsgeschichte in Johannes 6 darauf deuten, daß Jesus und sein Wort Leben bringen wie Brot vom Himmel? Wäre nicht gerade hier jedes materielle Verständnis nur ein »fleischliches« Mißverstehen?

Aber: Meinten die Evangelisten selbst wirklich, das von ihnen Berichtete sei »nur« geistig zu verstehen? Liegt bei ihnen wirklich unser heutiges Verständnis von etwas »nur« Symbolischem vor? Man kann wohl zeigen, daß es sich gerade anders herum verhält. Die Wunder des Neuen Testaments sind »Zeichen« und weisen daher immer auf eine tiefer gestaffelte, unsichtbare Wirklichkeit. Sie sind erfahrbare Indizien für komplexere Sachverhalte. Aber damit werden sie gerade nicht überflüssig, sondern sind der notwendige Anfang eines Weges. Sie sind wie die sichtbaren Spitzen eines Eisbergs. Daher sehe ich keinen Anlaß, sie wegen ihres symbolischen Charakters aus der Geschichte Jesu zu streichen. Vielmehr: Sie sind unersetzlicher Anfang. Und eine Abwertung des Leibes gegenüber dem Unsichtbaren kennt eben das Neue Testament nicht, weil es nicht platonisch an einer Zweiteilung von Leib und Seele, von Materie und Geist orientiert ist.

Wir halten fest: Wunder weisen schon in den Evangelien über sich hinaus auf einen größeren Zusammenhang, weisen ein in ein größeres Geschehen. Aber gerade deshalb darf man ihre leibliche Dimension nicht abwerten. Als leibhafter Anfang eines Weges zu Gott sind sie unersetzlich, so wie es der Leib ist und so wie man Menschen, die am Verhungern sind, schlecht vom nur geistigen Trost des Evangeliums erzählen kann, weil das Knurren des Magens jede Predigt übertönt.

In den Wunderberichten gibt es häufig, einer Ellipse vergleichbar, zwei Pole, die leibliche und die geistliche Dimension. Die Spannung zwischen beiden ist nicht aufzuheben zugunsten dessen, was uns als leichter verständlich erscheint, und sie ist schon gar nicht durch Annahme von verschiedenen Schichten der Textüberlieferung und verschiedenen Quellen wegzudeuten. Sie ist vielmehr für die Berichte selbst wesentlich.

Konkretionen

Heilung und Sündenvergebung

Jesus kam wieder einmal nach Kapernaum, und nach ein paar Tagen hatte es sich herumgesprochen: Er ist in seinem Haus. Da strömten so viele Leute zusammen, daß es nicht einmal mehr vor der Tür Platz gab. Und Jesus verkündigte ihnen seine Botschaft. Da kamen Leute, die einen Gelähmten zu ihm bringen wollten, vier Mann trugen ihn. Aber wegen der vielen Men-

schen kamen sie nicht zu ihm durch. Da deckten sie über der Stelle, wo er war, das Dach seines Hauses ab. Sie machten eine Öffnung und ließen die Bahre herab, auf welcher der Gelähmte lag. – Und Jesus erkannte ihren Glauben und sagte zu dem Gelähmten: Mein Sohn, deine Sünden sind dir vergeben. Da dachten einige von den Schriftgelehrten, die dabei saßen, für sich: Warum spricht der so? Er maßt sich Gottes Vollmacht an! Denn wer kann Sünden vergeben außer Gott allein? – Aber dank des Heiligen Geistes, der ihm gegeben war, konnte Jesus ihre Gedanken lesen. Er fragte sie: Warum denkt ihr so? Was kann man dem Gelähmten leichter sagen: »Deine Sünden sind dir vergeben« – oder: »Auf, nimm deine Bahre und benutze deine Beine«? Ihr werdet gleich sehen, daß der Menschensohn Vollmacht hat, auf Erden Sünden zu vergeben. Und zu dem Gelähmten gewandt: Ich sage dir: Auf, nimm deine Bahre und geh nach Hause! Und der stand auf, nahm sofort seine Bahre und ging vor aller Augen fort. Da gerieten alle außer sich und lobten Gott und sagten: So etwas haben wir noch nie erlebt.
(Markus 2, 1–12)

Beides ist gleich schwer: Sünden zu vergeben und dem Gelähmten Beine zu machen.

Beides kann nur Gott: Schuld nachlassen und Lahme gehen machen.

Beides hat er Jesus anvertraut: von der Last der Vergehen zu befreien und von der Ohnmacht der Behinderung.

Sünde ist unsichtbar, Gelähmtsein ist sichtbar. Oder auch umgekehrt: Bedrücktsein von Schuld zeichnet Spuren auf den Gesichtern, und die Lähmung selbst sieht man nicht.

Sündenschuld – das sind Fesseln aus der eigenen Vergangenheit. Lähmung – das ist Gefesseltsein an das eigene Bett. Beides ist wie mit tausend Stricken an das eigene kleine Stückchen Welt gebunden sein, an die Klumpen von Dreck unter den Füßen, an die Bahre unter dem Leib ohne Bewegung.

Sünde ist Last, Lähmung ist Niedergedrücktsein.

Der Sünder hat sich ausgegrenzt aus dem Geben und Nehmen, das Leben bedeutet, der Gelähmte ist nur noch Objekt, nur noch Gegenstand der Fürsorge, ausgegrenzt aus der aktiven Seite des Lebens.

Der Sünder ist gefallen, der Gelähmte ist zum Fall geworden.

Der Sünder hat Vergangenheit und keine Zukunft, der Gelähmte hat vermutlich auch bessere Tage gesehen, aber hoffnungslos lebt er vor sich hin.

Auf Sünde steht die Todesstrafe, der Gelähmte ist auf dem unaufhaltsam abschüssigen Weg zum Tod.

Sünde hat den Tod verdient, Lähmung ist der starre Vorbote des Sterbens.

Sünde und Schuld, Vergehen und Last sind für die Menschen der Bibel ein unzertrennbares Geflecht. Auch bei der Lähmung sind die Folgen verwoben mit der Krankheit, ja sie sind das Schlimmere: wie abgeschnitten zu sein vom Land der Lebenden.

Die Sünde kann nur der Schöpfer aufheben, nur er macht Geschehenes ungeschehen. Von der Lähmung kann nur der Schöpfer befreien, nur er macht Abgestorbenes neu lebendig.

Nur wer im Namen Gottes kommt, kann Schuld wegwischen. Nur der Erlöser kann im Namen Gottes die Fesseln der Lähmung zerschneiden.

Lang, oft schwierig und ganz persönlich ist der Anweg des Sünders bis zur Schwelle der Vergebung. Und hier decken die Freunde des Gelähmten das Dach ab, um zu Jesus zu gelangen.

Bei den meisten Wundern sind die Anwege das wichtigste Thema: Wie kommt jemand zu Jesus, auf vielen Wegen und Umwegen, auf gerade seinen Wegen? – Auch die Sündenvergebung liegt als Angebot bereit. Nur bis dahin zu gelangen, das ist der ganze Weg eines jeden Lebens. Das ist mein Weg, und es wird am Ende mein Weg gewesen sein.

Der Weg bis dahin – diese umständliche, weite Wanderschaft gräbt Spuren in Herz und Gesicht.

Der Befreier heilt durch ein Wort und vergibt durch ein Wort.

Weil in ihm der Schöpfer handelt, kommt er gleichsam auf das Wort der Schöpfung zurück: Es sei – und es ward.

Weder mit dem einen Wort noch mit dem anderen Wort können wir etwas bewegen. Weder macht unser Wort Gelähmte gehen noch erfährt jemand seine Sünden als vergeben.

Unsere Worte sind leer, unsere Gelähmten ohne Hoffnung, was Sünde ist, weiß keiner mehr.

Ist nicht genau das Lähmung und Sünde? Und wer kann da helfen außer dem, der befreit, weil er am Abend der Welt noch immer die Kraft aus der Morgenfrühe der Schöpfung in sich bewahrt? Wie einen Schatz ein Stückchen von Gott?

Wer kann da helfen außer dem, der selbst wie gelähmt an das Kreuz gefesselt ist – so wie der Kranke hier an die Bahre? Den Gott daraus befreit und aufgerichtet hat, den ersten Freigelassenen in der erneuerten Schöpfung.

Blindenheilung

Jesus und die Jünger kamen nach Bethsaida. Da brachten die Leute einen Blinden zu ihm und baten ihn, er möge ihn berühren. Und er faßte den Blinden an der Hand, führte ihn aus dem Dorf heraus und spuckte in seine Augen. Er legte ihm die Hände auf und fragte ihn: Kannst du etwas sehen? Und der Blinde blickte auf und sagte: Ich sehe die Menschen umhergehen wie große Bäume. Dann wiederum legte Jesus seine Finger auf die Augen des Blinden, und da sah er klar und deutlich und war geheilt. Und Jesus schickte ihn in sein Haus mit den Worten: Geh nicht ins Dorf! (Markus 8,22–26)

Sehen – was ist das? Ein geheimnisvoller Vorgang, Spiel zwischen Licht und Dunkel, Innen und Außen, Schließen und Öffnen. Tage sehen heißt nach der Bibel »leben«.

Das jüdische Targum berichtet über die Opferung Isaaks: »Als ihn sein Vater gebunden hatte, schaute er den Thron der Herrlichkeit, und von da an begannen seine Augen trübe zu werden. Die Himmel kamen herab und senkten sich, und es schaute Isaak ihre Vollkommenheiten, und es erblindeten seine Augen.« – Paulus ergeht es ganz ähnlich. Lukas berichtet über ihn nach seiner Bekehrung: »Saulus aber richtete sich auf von der Erde. Und als er seine Augen aufschlug, sah er nichts. Sie nahmen ihn aber bei der Hand und führten ihn nach Damaskus; und er konnte drei Tage nicht sehen und aß nicht und trank nicht« (Apostelgeschichte 9,8f).

So ist alles Sehen doch eins, unterirdische Gänge verbinden unsere leiblichen Augen und die unseres Herzens. Wie Teiche sind sie, durch geheime Kanäle verknüpft. Sie spiegeln Welt, Himmel und Seele. Und wer will schon sagen, ob die Augen, mit denen diejenigen, die reinen Herzens sind, Gott schauen werden, außen oder innen sind? Für die Bibel ist da keine Trennung, denn Sehen ist alles. Unendlich, unersetzlich kostbares Sehen.

Wer hätte auch je glauben können, daß es den Augen nur um das Sichtbare geht. Denn sie spiegeln dem Betrachter die Welt und dem, der in die Augen blickt, die Seele. Sie sind wie eine zarte Brücke über den Fluß. Oder besser: wie eine Zugbrücke, deren beide Hälften von je einem der beiden Ufer bedient werden. Und so ist es ein ewiges Spiel von Öffnen und Verschließen. Wer zuviel Himmel gesehen hat, mehr als er vertragen kann, dessen Augen hat Gottes Glanz geblendet, so daß sie nichts Irdisches mehr sehen.

Und andererseits: Wer Gott nicht wahrnehmen will, den verstockt er, auf daß man Augen hat und nicht sieht. Daß er nichts erfaßt, so daß alles wesenlos bleibt, nur Oberfläche wie ein Marktplatz mit Fassaden aus Pappe, so wie man das Berliner Stadtschloß als Fassade neu errichtete. Sehen und doch nicht sehen. Gott hat die eine Hälfte der Zugbrücke gesperrt, oben gelassen. So auch, als es von den beiden Emmausjüngern hieß: »Aber ihre Augen wurden gehalten, daß sie ihn nicht erkannten« (Lukas 24,16).

Die Sperre kann auch bei einem selbst liegen. Wie im Gleichnis vom Balken, den man im eigenen Auge hat und nicht wahrnimmt. Den Balken kann man selbst beseitigen. Anders beim Splitter im Auge des Bruders: Jesus spricht davon, daß man ihn dem Bruder herausziehen kann: »Danach sieh zu, wie du den Splitter aus deines Bruders Auge ziehest« (Matthäus 7,5).

So scheint es zu sein: Einen Balken kann man wohl selbst herausreißen, freilich muß Jesus harsch dazu auffordern. Aber alle anderen Eingriffe an den Augen kann nur einer für den anderen tun. Einer bewirkt für den anderen, daß er sehen kann. So ist es bei Jesus, der die Blinden heilt.

Auch für Gottes Sehen gilt das. Die stadtrömische Liturgie des 1. Jahrtausends für den Mittwoch nach Laetare sagt das, indem die Texte der Lesungen aus dem Alten und dem Neuen Testament geschickt und sinnreich einander zugeordnet werden: Der Evangeliumstext ist die Heilung des Blindgeborenen nach Johannes 9, in der Lesung aber wird Jesaja 1,16 zitiert: »Wascht euch und reinigt euch und entfernt aus meinen Augen eure bösen Gedanken.« Nach Johannes 9 hatte Jesus den Blinden zum Teich Siloah geschickt und gesagt: »Wasche dich. Da ging er hin und wusch sich und kam sehend.« Im Alten Testament fordert der Prophet zum Waschen auf, im Neuen Testament Jesus. Im Alten Testament verschwindet so das Böse aus Gottes Augen, die Menschen haben das beseitigt, was sie nicht liebenswert vor seinen Augen machte. Im Neuen Testament bringt die Befolgung des Auftrags Jesu die Heilung von lebenslangem Gebrechen. Der Geheilte weiß, daß er es Jesus verdankt. – Diese Liturgie wird inszeniert in der Kirche des Völkerapostels Paulus »vor den Mauern« der Stadt Rom. Den Katechumenen, die zu Ostern getauft werden, werden an diesem Mittwoch im Gottesdienst die Ohren berührt, geöffnet für das Hören der Botschaft. Spiel des Öffnens.

Dort aber, wo das umfassende Sehen möglich ist, kann das leibliche leicht nachgeholt werden. So bleiben weder Isaak noch Paulus lebenslänglich blind. Isaak wird wieder sehend, als er sich dem Tod nähert, Paulus wird nach drei Tagen durch Handauflegung geheilt. So wird auch Bartimäus geheilt (der andere Blinde, von dem Markus in Kapitel 10,46–52 erzählt), denn den Glauben an Jesus hat er schon. Wo das Größere da ist, bedeutet das Kleinere nur noch eine Zutat.

So bleibt also dies: Bei aller Wirklichkeit geht es ums Sehen. Und dort, wo unser Verhältnis zur Wirklichkeit gestört ist, sehen wir falsch, haben etwas im Auge oder lassen die Zugbrücke nicht herunter. Darum brauchen wir oft den anderen, der uns sehend macht. Goethe: Man sieht nur, was man weiß. Aber es geht ganz deutlich sehr oft um unser eigenes Tun: Nach Johannes 9 wäscht sich der Blinde, nach Markus 10 glaubt Bartimäus trotzig und zäh gegen alle Menschheit an, indem er sich nicht von seinem Wunsch abbringen läßt, mit Davids Sohn in Kontakt zu treten. Nach Jesaja 1 räumen die Menschen das Schlechte vor Gottes Augen weg, nach der Bergpredigt müssen Balken und Splitter durch Menschen entfernt werden. Gerade dort, wo wir meinen, es sei reines Geschenk, geht es doch nicht ohne uns.

So ist alles, was Sehen und Augen betrifft, viel komplexer, viel enger verknüpft, als wir dachten. Denn die Bibel scheidet nicht säuberlich das Sehen des Herzens vom leiblichen. Und sie scheidet auch nicht Gottes und unser Handeln. Das leibliche Sehen setzt nur die sichtbare Krone und Vollendung auf, ist nur eine der möglichen Konsequenzen. Aber entscheidend ist Sehen und Wahrnehmen überhaupt. Ja, Sehen steht für Wahrnehmen. Und weil es für die Bibel keine Trennung von Leib und Seele gibt, ist Leiblichkeit immer das Ende der Wege Gottes, das konkrete Ziel all seines Redens. Um beim Spiel des Öffnens zu bleiben: Gott öffne uns Herz und Sinn.

Wunder als parapsychologisches Phänomen

Man kann bereits an dieser Stelle einwenden: Warum beschlagnahmt ein christlicher Theologe das Thema Wunder? Gibt es nicht viele Wunder, viele Heiler und Heilungen, die ohne den Glauben an Gott geschehen oder auskommen? Dem Theologen aber geht es nicht um irgendein göttliches Wesen, sondern um den Gott der Bibel, den Gott Abrahams, Moses und Jesu Christi. Das verschärft die Frage nochmals. Denn: Ist nicht das Feld des Unsichtbaren und Unbegreiflichen viel größer und reicht es nicht viel weiter als die jüdisch-christliche Religion? Darf man das Thema so eingrenzen? Ist, salopp gesagt, jedes Gespenst auf dem Dachboden eine Sache für den Herrn Pfarrer? Ist er allein zuständig für das weite Feld des Unsichtbaren, auch: der Parapsychologie?

Die Bibel jedenfalls, die ich hier zu vertreten habe, erklärt sich in der Tat in diesem gesamten Bereich für zuständig. Ein Blick auf die gegenwärtige Esoterik-Szene kann zeigen, daß dieser Anspruch einen guten und heilsamen Sinn hat.

Denn Wunder unterscheiden sich von anderen Geschehnissen zumindest dadurch, daß ein sichtbarer oder erweisbarer Zusammenhang von Ursache und Folge nicht besteht. Daher sind sie »unerklärlich«. Sie kommen mithin aus dem Bereich des Unsichtbaren und Unerweisbaren. Nach dem Verständnis der Bibel »gibt« es diesen Bereich nicht nur fraglos, sondern mit großer Entschiedenheit reklamiert die Bibel Gott als den Herrn gerade auch über diesen Bereich der Wirklichkeit. Sie meldet diesen Anspruch an, indem sie Gott den Herrn der Geister nennt, indem sie Jesus Christus zum Sieger über Dämonen, Mächte und Gewalten erklärt und schließlich indem sie alle Auskünfte aus dem Bereich der Geister (also auch der »Seelen« der Verstorbenen) radikal auf eine einzige Informationsquelle einzugrenzen versucht: den Gott Abrahams und seine Gesandten.

Es wird daher in der Bibel keineswegs bezweifelt, daß es andere Mächte und Geister gibt, auch Totengeister. Es wird sogar angenommen, auch im Neuen Testament, daß sie sprechen können. Die Dämonen, der Herkunft nach Totengeister, verhandeln sogar mit Jesus. Aber hier wie bei der Hexe von Endor, die den Totengeist Samuels erscheinen lassen kann, gilt: Das ist nicht legitim. Nur Gott hat das Recht auf Gehör.

Daher verbietet Jesus auch den Dämonen zu reden, obwohl sie seine wahre Identität bezeugen. Jesus gebietet ihnen Schweigen, damit nicht der Verdacht entsteht, er sei ihr Verbündeter. Er verstopft systematisch diese Offenbarungsquellen, um nicht in falsches Licht zu geraten. – Paulus schließlich weiß, daß die Götter der Heiden existieren, das ist für ihn gar keine Frage. Aber doch gibt es für ihn nur einen einzigen Gott, der der Vater ist und der anzubeten ist (1 Korinther 8,4–6).

Auf die moderne neu-heidnische Esoterik-Szene angewandt heißt das: Es geht bei vielen magischen und esoterischen Manipulationen durchaus um Mächte und Wirklichkeiten, die es für Judentum und Christentum »gibt« und deren Existenz jedenfalls für die Bibel eine Selbstverständlichkeit ist. Die Esoterik-Szene zeigt in den bisweilen sichtbaren psychischen Folgen, daß es sich hier nicht um Spaß handelt und daß man mit diesen Mächten nicht umgehen kann wie mit Giftschlangen im häuslichen Terrarium. Neue Abgründe tun sich auf. Das wird nicht zuletzt an den Folgen erkennbar, die der Mißbrauch Jugendlicher als Medien (»Geisterseher«) mit sich bringt.

Die Bibel kennt daher sehr wohl breit bezeugt den »Umgang« mit Kräften und Mächten und reklamiert Gott als den einzigen Herrn auch über diese Szene. Offensichtlich ist es so, daß sich gerade in diesem Bereich zeigen kann und muß, ob man allein auf den Gott Israels setzt. Denn nichts anderes bedeutet es, wenn das Erste Gebot lautet, keine anderen Götter neben dem einen zu verehren. Es gibt sie durchaus, aber sie sollen nicht verehrt und angebetet, nicht gefürchtet und geliebt werden.

So werden wir gewahr: Für die Religion der Bibel sind Gott und die unsichtbaren Mächte keine abseitigen Randgebiete des Lebens, sondern ein wichtiges Thema. Denn hier geht es geradezu um die zentrale Frage des Lebens: Auf welche unsichtbare Macht setze ich? Die »Kultur« der Bibel des Alten und noch mehr des Neuen Testaments ist eine Kultur des

Umgehens mit dem Bereich der Parapsychologie. Eine aufmerksame Lektüre der biblischen Schriften kann uns wieder damit konfrontieren, daß der Gott Abrahams und andere Mächte, die Heil versprechen, in scharfer Konkurrenz miteinander stehen.

Es geht daher nicht um Glauben an unvernünftige Dinge, sondern um eine höchst wichtige Wahl: Das Leben ist wie ein breiter, großer Strom, auf dem man sich nur mit Flößen bewegen kann. Welche der Stämme und Balken, die in diesem Strom mitgetrieben werden, soll man als Floß wählen? Worauf soll man setzen? Welche Flöße zerbrechen, welche sind haltbar?

Die Bibel nennt auf diese Frage einen einzigen Namen, sie ist ein einziger Appell, sich an diese Adresse zu wenden. Für den Umgang mit dem wahren Gott hat der »Name« eine einzigartige Bedeutung. Von diesem Namen wissen die Zeugnisse der Bibel seit Abraham, was er »taugt«, was von ihm zu erwarten ist.

Von allen anderen Namen wissen wir es nicht, und auf der Fahrt mit Flößen auf dem breiten und tiefen Strom sind Experimente nicht angesagt. Die Bibel ist tatsächlich wie eine Sammlung von Zeugnissen über die Solidität dieses Namens. Und auch die Intoleranz der Bibel gegenüber der Verehrung anderer Götter kommt aus langer Erfahrung. Sie ist schon allein deshalb heilsam, weil sie ein opportunistisches Ausspielen des einen Gottes gegen den anderen verbietet. Und in der Konsequenz führt diese Intoleranz zu einer einzigartigen Verbindung von Religion und verbindlicher Moral. Denn dem moralischen Anspruch des einen Gottes kann man nicht ausweichen.

Wir halten fest: Unsichtbare Seelen, Mächte, Geister und Kräfte sind den Menschen zur Zeit der Bibel geläufig. Im Neuheidentum der Esoterik werden sie wiederentdeckt. Die Bibel nimmt gegenüber jeglicher Manipulation mit derartigen Kräften eine klare Stellung ein: Heil kommt allein vom Gott Israels. Er allein ist der »Arzt«. Jedes andere religiöse

Verhalten gegenüber anderen Göttern wird, mag es auch äußerlich ähnlich sein, angesichts der einen verbindlichen Beziehung, die man nicht zufällig im Bild der Ehe Gottes mit seinem Volk sieht, zur Magie. Denn der Bereich der unsichtbaren Kräfte ist nicht herrenlos. Wer hier und auch sonst das Sagen hat, ist längst entschieden.

Neben der Esoterik steht – häufig bei denselben Menschen und gleichsam als Kehrseite der Medaille – eine extensiv aufgenommene Aufklärung. Da sich Theologie besonders häufig dieser Richtung entweder verschreibt oder ihr doch sprachlos gegenübersteht, ist darauf besonders sorgfältig einzugehen.

RATIONALISTISCHE WUNDERKRITIK

Wunder in der Sicht rationalistischer Bibelauslegung

Die Bibelauslegung seit der Aufklärung geht von folgenden Grundsätzen aus:

Alle Wirklichkeit ist gleichartig und daher vergleichbar. Sie folgt Gesetzmäßigkeiten, die in den modernen Natur- und Humanwissenschaften erkannt worden sind.

Vernunft und Naturgesetz sind die Maßstäbe zur Erkenntnis der Wirklichkeit. Von größter Bedeutung ist dabei die Kausalität, die gesetzmäßige Abfolge von Ursache und Wirkung.

Das gilt nach rationalistischen Auslegern auch für die in den biblischen Texten besprochene Wirklichkeit. Sie sei wissenschaftlich mit denselben Regeln zu bearbeiten, die für die Erforschung der Welt im ganzen gälten. Das bedeutet: Wunder sind unmöglich.

Gegenüber den biblischen Texten erlaubt dieser Ansatz vielfältige Möglichkeiten der sogenannten Sachkritik. Denn alles das, was in den Bibeltexten mit den modernen Natur- und Humanwissenschaften nicht vereinbar ist, unterliegt strengster Kritik nach wissenschaftlichem Maßstab. Das gilt sowohl für Wunder als auch für alle Berichte über Geschehenes oder Zukünftiges überhaupt. Im Lichte der rationalistischen Wissenschaften sind diese Texte auf ihren wissenschaftlich haltbaren und gültigen Kern hin auszulegen. So war es das Bestreben gerade Rudolf Bultmanns, Theologie unter allen Umständen als ernstzunehmende Wissenschaft erscheinen zu lassen, und »gültig« sollten die biblischen Aussagen im Sinne einer philosophischen Anthropologie sein. Was »Kern« der biblischen Berichte sein konnte, bestimmte sich genau von dieser Anthropologie her.

In der Exegese ergibt sich hier eine ansehnliche Ahnenreihe von David Friedrich Strauß über Ernst Troeltsch, Albert Schweitzer und Rudolf Bultmann bis hin zu aktuellen Versuchen, das Erbe der liberalen Exegese in dieser Hinsicht wiedererstehen zu lassen. Man kann durchaus sagen, daß es sich um den Hauptstrom der kritischen protestantischen Bibelauslegung handelt.

Freilich: Rudolf Bultmann selbst war keineswegs nur ein Rationalist. Radikale Rationalisten haben ihm immer vorgeworfen, er spare inkonsequenterweise nicht nur Gott aus seiner Entmythologisierung aus, sondern auch den Mythos der Rechtfertigungslehre. So ist jedenfalls die Grenze des Rationalismus bei Bultmann selbst benannt.

In der Gegenwart bricht die nach dem Ersten Weltkrieg aufgrund des Aufkommens der dialektischen Theologie mit Karl Barth nicht abgeschlossene Diskussion aus folgenden Gründen wieder auf: Aufklärerischer Rationalismus war schon immer ein Instrument der Kirchenkritik. Da Kirchenkritik heute Hochkonjunktur hat, erwacht diese Art von Kritik gerade auch in unverschämtesten populistischen Variationen. Diese aber füllen die Medien und werden in kirchlichen Zeitschriften und Akademien mit großem Applaus gehandelt. Hier macht das Pathos einer sehr platten Aufklärung wieder Furore. Wer erklärt, daß mit ihm erst Theologie ehrlich werde, kann sich des Erfolgs sicher sein.

Über die Gründe dieser Kirchenkritik ist hier nicht zu han-

deln. Sie mag zum Teil aus einem instinktiven Befreiungs-
schlag gegenüber dem ewigen »Betroffenmachen« und phan-
tasieloser Sündenpredigt herrühren. Und es scheint fast so,
daß jedes Lebenszeichen der erstarrten Theologie und Kirche
überhaupt, jede Bewegung, jedes kleine Stück Glaubwürdig-
keit und Authentizität, jedes Stück Wut oder Mut schon als
Befreiung gefeiert wird. Vor allem aber wirkt die innerkirch-
liche Verunsicherung der Verkündiger einfach ansteckend.

In diesem neuen platten Rationalismus ist Toleranz weitge-
hend zur allein noch gültigen Form von Religion geworden
und hat alle anderen Äußerungen von Religion in sich auf-
gesogen. Daher gilt nicht nur der Monotheismus der Bibel,
sondern auch ein halbwegs fixiertes Bekenntnis bereits als
Inbegriff der Intoleranz und als aggressive Mission. Mit
dem raschen Wandel der Lebensformen verschwinden auch
Ansätze zu nicht rationaler Wahrnehmung des Lebens. Von
daher gewinnt man den Eindruck, daß in den großen Volks-
kirchen, aber auch in den kleineren Gruppen, sofern auch
sie »modern« sein möchten, Religion zunehmend nur noch
aus Vernunft und Moral besteht.

Mir will aber scheinen, daß ein Christentum auf der Basis
von Vernunft und Moral allein keine Zukunft haben kann.
Belegen kann ich dies anhand von Rückmeldungen aus dem
Bereich des Religionsunterrichtes, der fast in der Regel nur
noch der Themenliste »Beziehung, Freundschaft, Ehe, Um-
weltschutz« folgt. Die Schüler melden sich dann zum Philo-
sophieunterricht um, weil dort Themen wie Sünde, Gott und
Stellvertretung behandelt werden. Die Erwachsenen, die an
den theologischen Kernthemen interessiert sind, wandern in
evangelikale oder gar fundamentalistische Gruppen ab.

Nur als Kuriosität sei vermerkt, daß man in der Frühzeit des
Rationalismus im 19. Jahrhundert versucht hat, die Wunder
selbst »natürlich« zu erklären: »Die Engel der Weihnachtsge-
schichte waren mißdeutete Irrlichter. Der Sturm hörte auf, als
das Boot um ein Vorgebirge in den Windschatten fuhr. Zur
Hochzeit von Kana hatte Jesus anscheinend Wein als Überra-

schung mitgebracht. Der Kranke am Teich Bethesda war ein Simulant, dem Jesus Beine machte. Die Fünftausend wurden satt, weil die Wohlversorgten unter ihnen ihren Proviant verteilten, als sie Jesus und die Jünger das mit ihren paar Bissen tun sahen. Jairi Töchterlein war nur scheintot, und so auch Jesus selbst. Er kam im kühlen Grab wieder zu sich, freilich tödlich geschwächt, raffte sich 40 Tage lang gelegentlich zu Begegnungen mit den Jüngern auf, die seine Wiederbelebung nur als Auferweckung zu erklären wußten, und trennte sich dann endgültig von ihnen, eine niedrige Wolke benutzend, um ihnen den Anblick seines Dahinsiechens zu ersparen.« (So über Heinrich Eberhard Gottlob Paulus bei Christoph Burchard, in: Semper Apertus II, 1985, 246) Andere deuteten Jesu Wandeln auf dem Meer so, daß er einen schwimmenden Balken benutzt habe, um darauf zu stehen. Den Wein bei der Hochzeit von Kana habe er mit einem Pulver erzeugt. – Alle diese rührenden Bemühungen gab man in diesem Jahrhundert auf, seitdem die genauere Erforschung der literarischen Erzählformen in der Bibel es erlaubte, Wundererzählungen als »Legende« und damit bar jeden historischen Gehalts einzuordnen.

»Saubere Wissenschaft«

Immer wieder fordern gerade auch Menschen, die das Christentum nicht ablehnen, es müsse auf einer exakt wissenschaftlichen Grundlage aufbauen. Das allein könne der Anfang einer neuen Ehrlichkeit sein.

Zwei Typen von Argumenten sind hier üblich: Tatsachenglaube und Tatsachenleugnung.

Tatsachenglaube

Die einen werten die Bibel als wissenschaftlich überprüfbaren Tatsachenbericht. Sie beharren darauf, die Bibel wörtlich zu nehmen und sehen in diesem Gehorsam gegenüber dem

Buchstaben den eigentlich gemeinten »Glauben«. Sie freuen sich über jeden archäologischen Hinweis, der ihren Tatsachenglauben zu bestätigen scheint. Sie werten es als Geschenk des Himmels, wenn eine Inschrift gefunden wird, die Pontius Pilatus erwähnt, weil sie dann die Wahrheit der Bibel wieder um ein Stück mehr bestätigt finden. Und wenn man einen Papyrus aus dem 1. Jahrhundert, auf dem man ein paar Wortfetzen aus einem Evangelium meint entziffern zu können, fünfzehn Jahre früher datieren kann, dann sieht man darin gleich einen Beweis für Augenzeugenschaft und Tatsächlichkeit alles dessen, was in der Bibel berichtet wird.

Genau in diesem Sinne »glaubten« konservative Kirchenhistoriker des 19. Jahrhunderts. Man könnte diesen Tatsachenglauben »fundamentalistisch« nennen, wäre dieses Wort nicht allzu abgegriffen. – Aus der Sicht dieser Position ist es die Aufgabe der Exegeten, wissenschaftlich zu erweisen, daß alles in der Bibel in dem Sinne »wahr« ist, daß es sich in Raum und Zeit genau so abgespielt hat, wie wir es uns vorstellen. Bibelausleger sind in diesem Sinne Apologeten.

Dabei werden – und das ist das Entscheidende – die biblischen Tatsachen direkt neben unsere modernen Tatsachen gestellt. Denn man denkt, sie seien von derselben Art. Man meint, in der Auffassung von Wirklichkeit habe sich nichts geändert. Man denkt, die Kriterien moderner Wissenschaft gälten universal. Genau in diesem Sinne könne und müsse man die Wahrheit der Bibel verstehen. Wer das nicht wolle, sei dumm oder böswillig.

Gegen diese Position spricht: Man wird zwar die historische Existenz Jesu und des Pilatus, die Tatsache der Kreuzigung und auch die Behauptung (!) des Paulus, eine Vision gehabt zu haben, wissenschaftlich erweisen können. Das sind »harte« Fakten. Man zieht sich jedoch den Spott der gleich darzustellenden Tatsachenleugner zu, wenn man behauptet, etwa die Himmelfahrt Jesu sei eine Tatsache in diesem Sinne. Denn das kann es aus ihrer Sicht nicht geben, weil die Schwerkraft damals wie heute gilt.

Resultat: Nur harte Fakten können in diesem Sinne erwiesen werden und zugänglich bleiben. Die neue Hinwendung zur neutestamentlichen Archäologie sieht offenbar die Aufgabe, den Raum der harten Fakten zu erweitern.

Tatsachenleugnung

Von der »aufgeklärten« Seite der Tatsachenleugner her wird nun im Namen der Wissenschaft seit vielen Jahrzehnten bestritten, daß es »Wunder« im weitesten Sinne des Wortes geben könne und je gegeben habe. Es ist klar, daß Wissenschaft und Fakten genauso verstanden werden wie bei den »Tatsachengläubigen«. Hier gilt: Man könne den damaligen Zeugen eben nicht mehr vertrauen. Auch noch so viele verschiedene Berichte seien kein Beweismittel für »Objektivität«, denn alle könnten falsch sein (ja, davon sei eigentlich auszugehen). Es sei auch naturwissenschaftlich unmöglich, sichtbare und unsichtbare Wirklichkeit zu trennen. Und man argumentiert weiter: Nur Esoteriker, also eine Art von Spinnern, könne in diesem Sinne biblischer Glaube noch erreichen.

Die Konsequenz für das Christentum liegt dann auf der Hand: Es wird vollständig moralisiert und hat nur noch in Erfahrungen moralischer Betroffenheit seinen Ort. Also: Jesus wird erfahren, wenn man dem Anderen vergibt, wenn man Verachtete ernst nimmt, wenn man Frieden schließt, wenn man nach Jesu Vorbild (!) gut miteinander lebt und auskommt. So zum Beispiel wird Lebensangst und Angst vor dem Tod genommen.

»Wissenschaftlich« ist daran, so meint man, der erste wie der zweite Schritt: Im Namen der Wissenschaft wird die Bibel entkernt, das heißt von den Zumutungen gereinigt, esoterische Geschichten glauben zu müssen. Und wissenschaftlich ist auch der zweite Schritt, weil moralische Anweisungen keiner Art von Wissenschaft widersprechen, sondern teilweise sogar konform sind mit dem, was man für »Psychologie« hält. Man kann sich für beides auf Immanuel Kant berufen, sofern er eben innerhalb der Grenzen der Vernunft argumentiert.

Mit diesen beiden Schritten ist genau der Zeitgeist zu Ende dieses Jahrtausends getroffen. Denn was »wissenschaftlich« nicht möglich ist, muß als Betrug und Geheimniskrämerei gelten. Die Kirche erscheint als Betrügerin, sofern sie die Menschen mit vorwissenschaftlichen Glaubenssätzen quält. Zugleich macht eine Reduzierung des Christentums auf bloße Moral eine Kirche unnötig. Denn friedlich und harmonisch kann man auch ohne Kirche sein. »Die Kirche« ist daher, so muß es vielen erscheinen, altmodisch, betrügerisch und überflüssig.

Kritische Anfragen an die skizzierte Art von »Wissenschaft«

Besteht nicht wahre Wissenschaft darin, über die Grenzen des wissenschaftlich Erweisbaren nachzudenken?

Wer sagt, wer beweist, daß moderne Naturwissenschaft alles erfassen kann, was »es gibt«?

Wenn Wissenschaft Wirklichkeit erweisen soll – welche Art von Wirklichkeit ist das?

Gibt es dann jenseits des wissenschaftlich Erweisbaren nur Phantasie, Willkür, Nebel, Lügen und Illusionen? – Haben nicht jüngst moderne und nicht gerade kirchlich engagierte Mythenforscher (Hans Blumenberg; Kurt Hübner) auf die eigene Logik des Mythischen hingewiesen?

Liegt nicht alles daran, daß man bereit ist, außer der aristotelisch-naturwissenschaftlichen Denkweise auch andere Logiken wenigstens für denkbar zu halten?

Sollte nicht die Wissenschaftsgläubigkeit unserer Zeit erst einmal im Rahmen dessen überprüft werden, was auch für Immanuel Kant das Wichtigste war, nämlich im Rahmen einer Erkenntnis*kritik*, die diesen Namen verdient? Hat nicht schon Kant betont, auch die Kategorie der Kausalität sei nur *Interpretation* der Wirklichkeit?

Ist nicht auch die moderne Naturwissenschaft *nur ein* – kulturell bedingter – *Zugang* zum großen Geheimnis der Welt?

Ist nicht moderne Wissenschaft nur eingebettet in eine Geschichte der Wissenschaft und damit in eine Geschichte der Wahrnehmungsweisen? Könnte sie durch diese Erkenntnis nicht bescheiden werden?

Könnte es nicht Aufgabe einer wahrhaft offenen Wissenschaft sein, uns fremde Wahrnehmungsweisen und Zugangsweisen darzustellen, sie zu rekonstruieren und wenigstens vorstellbar zu machen? Im Verhältnis zwischen moderner Medizin in Europa und Amerika und den Medizinpraktiken der »Eingeborenen« in den übrigen Zweidritteln der Welt ist man gerade dabei, dies zu entdecken. Ist dieses nicht eigenste Aufgabe der Wissenschaft: fremde Sichtweisen wahrzunehmen und zuzulassen?

Wer sagt denn, daß eine »profane«, eine »nicht-gläubige« Sichtweise der Bibel allein recht haben muß? Ist das allein Wissenschaft, wenn man die Bibel im Sinne der Physik des 19. Jahrhunderts kritisiert? Ist das die gebotene Sachkritik?

Einige unangenehme Feststellungen

Die besondere Situation der Kirchen in der deutschen Gegenwart ist bekannt. Sie sind auf der Flucht vor eben jener Verquickung von Aufklärung und Moral, die oben geschildert wurde. Insbesondere bei der Mehrzahl der Geistlichen der großen Konfessionen reicht die gänzliche Verunsicherung bis ans Herz.

Wer dieses bedauerlich findet, muß darauf aufmerksam machen: Es herrscht eine halbierte, eine zur Selbstkritik unfähige, eine vollständig naive Aufklärung, die diesen Namen nicht verdient.

Und ferner: Die auf diese Weise kirchenfeindlich gewordene halbe Aufklärung hat ihr genaues Spiegelbild in der notorischen Unfähigkeit der Deutschen, sich Fremdes und Andersartiges, das nicht sie selbst sind, überhaupt vorstellen zu können.

Das Christentum wäre eine Chance (gewesen), einer ganz anderen Erfahrungswelt geduldig zuzuhören und sich dadurch bereichern zu lassen. Wer diese Chance billigem Rationalismus und flachem Humanismus opfert, wie ihn die »großen« Lieblingsautoren unserer Generation verkünden, folgt blind dem Herdentrieb derer, die sich freiwillig von der Dampfwalze eines Zeitgeistes überrollen lassen, der »Wissenschaft« zum Feigenblatt kleinkarierter bürgerlicher Intoleranz gemacht hat.

Anderes, Fremdes sich nicht einmal vorstellen zu können, das führte dazu, daß man jede Art von religiösem Profil, jedes Bekenntnis für sperrig und zum Inbegriff von Intoleranz erklärt hat. In Wahrheit ist es nur der vollständige Triumph von Mittelmäßigkeit, wenn man »Abweichen vom durchschnittlichen Rationalismus« für Intoleranz erklärt.

Wenn Toleranz dies sein soll, daß niemand das Haupt erheben darf aus dem allgegenwärtigen Staub der halbierten Aufklärung, wonach gilt, daß alle sich der rationalistischen Unauffälligkeit im Bekenntnis unterwerfen müssen, dann pfeife ich auf solche Toleranz.

Was als »wissenschaftliche Ehrlichkeit« angepriesen und vermarktet wird, ist daher nur fatale Selbstbeschränkung von Menschen, die die Bestätigung ihrer gewöhnlichen Bequemlichkeit ersehnen.

Tatsachengläubige als auch Tatsachenleugner sind nur Zwillingsgeschwister derselben Beschränktheit. Beide machen die Naturwissenschaft des 19. Jahrhunderts und eine halbierte Aufklärung zum Maß alles Wirklichen.

Fremdes verstehen, bezogen auf Fakten. Ein Beispiel

Die Süddeutsche Zeitung vom 15./16. 6. 1996, S. 3, berichtet über das Erzählen und die Wirklichkeitsauffassung der Polynesier auf der Osterinsel: »Die Realität ist Ansichtssache. Richtig ist, was (sc. vom Hörer) erwartet wird.« Offenbar ist hier der Konsens zwischen Erzähler und Hörer wichtiger als ein Faktum, das diesen Konsens stören könnte. So kommentiert jedenfalls ein deutscher Journalist. Und es gilt der Satz: Wer sich auf eine fremde Kultur einläßt, muß es ganz tun und alle Brücken hinter sich abbrechen.

»Ich glaube nichts gegen den Verstand«

Diesen – meines Erachtens kritikbedürftigen – Satz sagte mir neulich ein Pfarrer. Zunächst versuche ich, ihn zu verstehen: Der Verstand bewahrt ihn, so meint er, vor einem Wunderglauben, den er für fundamentalistisch und für katholisch hält. Die evangelische Kirche ist für ihn ein Hort der Aufklärung. Der Verstand ist der Maßstab für den Glauben. Alles, was darüber hinausgeht, versteht er als autoritäre Zumutung. Wunderglaube dagegen versteht er als Produkt hierarchischen Gehorsams, andererseits aber auch als Ausdruck einer ganz unangemessenen »Theologie der Herrlichkeit«, der er für sich die »Theologie des Kreuzes« gegenüberstellt. Und »Theologie des Kreuzes« bedeutet eben: Nichts wird durch Wunderglanz verklärt, alles ist arm, sterblich und brüchig. Dies sagt der Verstand. Alles andere ist verlogen.

Wer es anders annimmt, ist vormodern und befindet sich in deutlicher kultureller Differenz zu dem, der nicht mehr »an Wunder glaubt«. Und es ist auch bekannt, daß Menschen in ökonomisch und kulturell »rückständigen« Ländern »an Wunder glauben«. Es gibt einen Zusammenhang zwischen »konservativer« Theologie und Lebensstandard.

Ist es nicht Ausdruck der Selbst-Befreiung der Menschen, wenn sie zu einem Christentum gefunden haben, bei dem sie nicht mehr den Verstand »an der Kirchentür abgeben« müssen? Bei dem nicht mehr bischöflich verordneter Aberglaube blind geschluckt wird?

Wir halten fest: Am sprichwörtlichen »Wunderglauben« scheiden sich auch heute noch Menschen nach Lebensstil, Lebensstandard, dem Grad der Emanzipiertheit und der

Rolle der Vernunft im gesamten Leben. »Wunderglaube« ist eine Kulturbarriere ersten Ranges.

Demgegenüber wird hier eine andere Position vertreten.

Wunder und Wahrheit

Es war Gotthold Ephraim Lessing, der einst die »zufälligen Ereignisse der Historie« den »notwendigen Vernunftwahrheiten« gegenüberstellte und zwischen beiden einen breiten, garstigen Graben entdeckte. Die notwendigen Vernunftwahrheiten seien die Grundsatzaussagen oder Dogmen. Doch das Christentum verkündigt weder notwendige noch vernünftige Wahrheiten und hat überhaupt keinen Wahrheitsbegriff, der mit Philosophie oder Naturwissenschaft etwas zu tun hätte.

Denn Wahrheit – biblisch gesehen – ist nicht die Übereinstimmung von Sache und Begreifen und auch nicht Gegenstand von Experiment oder Kausalbeweis. Sie ist überhaupt kein Phänomen von wissenschaftlicher Vernunft. Der eigentlich garstige Graben, um Lessings Bild zu gebrauchen, besteht zwischen dem Wahrheitsbegriff des Aristoteles, der Scholastik und der modernen Naturwissenschaft auf der einen Seite und dem der Bibel auf der anderen Seite. Daß auch die Bibelübersetzungen nur das eine Wort »Wahrheit« verwendeten, war freilich unglücklich und folgenschwer. Der ganze Abstand zu Aristoteles kommt darin zum Ausdruck, daß Jesus nach dem Johannes-Evangelium (14,6) von sich sagen kann: »Ich bin die Wahrheit.« Das kann ja doch unmöglich die Übereinstimmung von Sache und Begreifen sein. Wenn Jesus sagt: »Ich bin die Wahrheit«, so geht es dabei nicht um eine Frage der Erkenntnis oder des Beweises, sondern er empfiehlt sich selbst als ein verläßliches Gegenüber. Wahrheit heißt biblisch: Stabilität, ein Gegenüber oder ein Handeln (wenn man die Wahrheit »tut«), das Anteil gibt an seiner eigenen Dauerhaftigkeit, das das Bleibenkönnen ausstrahlt.

Das Problem, auf das dieser Wahrheitsbegriff Antwort gibt, ist nicht der Irrtum, sondern der Tod.

Das aber weist direkt in den Bereich des Wunders. Daß Jesus Wunder wirkt, ist Erweis seiner Wahrheit. Sie besteht nicht darin, daß er »wissenschaftlich« recht hätte oder daß dieses Recht so zu erweisen wäre. Aber er gibt Anteil an dem Leben Gottes in ihm.

2. Teil
Was ist überhaupt ein Wunder?

Damit keine Unklarheit über das besteht, worum es geht: »Wunder« nennen wir im folgenden Heilungen und Geisteraustreibungen, Totenerweckungen und Speisungen, Jesu Wandeln auf dem Meer und seine erfolgreiche Verfluchung des Feigenbaums. Und zu den Wundergeschichten gehören auch die Erzählungen über den Anfang und das Ende seines Lebens: die Empfängnis durch den Heiligen Geist und die Auferstehung aus dem Grab. – Das Alte Testament (und das Frühjudentum) berichtet von Wundern der Propheten (Mose, Elia, Elisa), Paulus, die Apostelgeschichte und die Offenbarung des Johannes von solchen der Apostel und Propheten, und alle Jahrhunderte der Kirchengeschichte haben Erfahrungen mit Wundern gesammelt.

Wo fängt das Wunder an?

Eigentlich ist alles ein einziges Wunder

In ihrem Bericht »Im Großklinikum der Riten und Wurzeln« berichtet die Süddeutsche Zeitung vom 29. 5. 1996 über Heiler in Uganda. Die vor Ort übliche Unterscheidung von Geist- und Kräuterheilern gilt nur großflächig. Zur Frage der Wirksamkeit konnte anhand von Versuchsreihen berichtet werden: »Bei den drei Symptomen Magersucht, chronischem Durchfall und Herpes Zoster gab es unter den Heiler-Patienten mindestens so viele Fälle der Genesung wie bei denen, die mit West-Medizin behandelt wurden.« Aber auch gegen »Verrücktheit im Kopf« helfen die Heiler, die zur einheimischen Kultur schlicht dazugehören, weil nichts sie ersetzen kann. Wir fragen: Sind sie alle Wundertäter? Ist jeder »alternativ« vorgehende Heiler Wundertäter im biblischen Sinn? Aber wenn sie doch Kräuter einsetzen?

Man kann diese Frage noch weiter ausdehnen. Mir begegnen oft Leute, die sagen: Jede Blume ist für mich ein Wunder, jede Biene und jedes Kind. Haben sie nicht recht? Ist es nicht ein Wunder, wenn jemand mit 105 Jahren noch flink läuft wie das sprichwörtliche Wiesel? Ist alles ein Wunder, über das man sich wundern kann? Jede Schneeflocke?

Nun soll und kann niemandem die Freude an der Schöpfung genommen werden. Und es wäre auch schade, wenn jemand das Staunen verlernte. Und niemandem kann ich verbieten, alles ein Wunder zu nennen, was er bewundern kann. Aber um diesen weiten Gebrauch des Wortes »Wunder« kann und soll es hier nicht gehen. Wir müssen uns – allein schon wegen des Buchumfangs – auf eine ganz bestimmte Sorte von Wundern beschränken, wenn man das einmal so ausdrücken will, nämlich auf jene Taten, die die Bibel so nennt. Nach der Bibel ist weder alles Wunderbare ein Wunder noch wären beliebige Anomalitäten »Wunder« zu nennen, etwa wenn ein Kalb mit drei Köpfen geboren würde oder ein Hund Goethegedichte auswendig aufsagen könnte. Vielmehr gelten in der Bibel nur sehr bestimmte Dinge als Wunder.

Eingrenzung

Im Sinne der Bibel gibt es Wunder nur in Erzählungen über Propheten oder ähnliche Gestalten und Gesandte Gottes. Das bedeutet: Es geht immer (wenigstens dem Sinne nach) um drei Parteien in einer Wundererzählung: Gott hat einen Propheten geschickt und ihn mit der Vollmacht ausgerüstet, Wunder zu wirken. Der Prophet repräsentiert Gott und ist der eigentliche Wundertäter. Die dritte Partei aber ist der Adressat des Wunders, und das können auch mehrere Menschen sein, wie etwa bei den Speisungsgeschichten. – Der Prophet wirkt (in der Regel) das Wunder vor den Augen des erstaunten Adressaten, dem mit dem Wunder etwas gesagt werden soll. Das Wunder gehört zu seiner Sendung durch Gott, es weist ihn aus, beglaubigt ihn, soweit das eindeutig geschehen kann. Der Adressat soll durch das Wunder aufmerksam gemacht und bewegt werden, ihm wird vor Augen geführt, daß der »Prophet« nicht leere Worte sagt, sondern daß hinter seiner Botschaft und durch sie hindurch die Wirklichkeit Gottes physisch greifbar wird. Gott bleibt, das scheint der Sinn der staunenswerten Taten zu sein, nicht Idee oder »Schall und Rauch«, sondern wird greifbare, widerständige Wirklichkeit. Das Wunder ist immer ein Stück des Ganzen, um das es jeweils in der Botschaft geht, es bedeutet immer entweder Heil oder bisweilen auch Unheil des Adressaten; im letzteren Fall spricht man von Strafwundern.

Vor allem kann man beobachten, daß nicht beliebige Taten zum Ausweis der Botschaft werden, sondern immer solche, die die gewohnte Normalität durchbrechen, die unalltäglich sind und den Blick »nach oben« lenken, die zumindest Reaktionen entstehen lassen wie diese: Das ist eine Tat, die ein Mensch nicht wirken kann. Wer gab dem Propheten solche Vollmacht? Solche Kraft oder Macht kann nur von Gott oder vom Teufel kommen, also aus dem Unsichtbaren.

Aus diesen Beobachtungen folgt für Wunder, so wie wir hier das Wort gebrauchen und wie es der Sprache der Bibel (»Wunder und Zeichen«) entspricht:

– Wunder haben immer etwas mit einem Boten Gottes und seiner Botschaft zu tun.

– Wunder weisen immer über den Boten und seine Botschaft hinaus auf den Bereich des *Unsichtbaren*.

– Gerade deswegen sind Wunder immer und prinzipiell *sichtbar*. Denn sie sollen im Sinne von Zeugnissen verwendbar sein.

– Von Wundern kann man nicht sprechen ohne ein Autoritätsgefälle zwischen dem Wundertäter und dem Empfänger des Wunders. Diese Beziehung ist übrigens nicht die zwischen

Amtsinhaber und Laie. Aber der Wundertäter vertritt die Botschaft, der Empfänger des Wunders ist oft derjenige, der mit der Botschaft zum ersten Mal vertraut gemacht werden soll. Dabei ist der Wundertäter oft nicht Träger eines Amtes oder gar eines ranghohen Amtes.

– Wunder bedeuten immer Heil oder Strafe, sie sind nicht »neutral« nur Information oder nur zum Anschauen. Auch das »Wandeln« Jesu auf dem Meer ist nicht ein Kunststück zum Anschauen, sondern auch hier ist nach Heil oder Unheil zu fragen.

– Wunder offenbaren immer eine Kraft, die das Menschenmögliche, wie man es gewohnt ist, bei weitem übersteigt. Man kann nicht sagen, sie »zerstörten« die Naturgesetze, da solche nicht der Adressat sind und auch gar nicht zur Debatte stehen. Adressat ist der Mensch darin, daß er auf Heil und Rettung angewiesen ist.

Nun kann man fragen, ob das alles überhaupt möglich ist. Bevor wir das tun, ist darauf hinzuweisen, daß diese Frage für die Bibel und alle ihre Adressaten, auch die ungläubigsten, nicht das entscheidende Problem ist. Die Frage ist immer nur: Stammt die Vollmacht von Gott oder von der Gegenseite?, nicht: Gibt es sie überhaupt?

Es lohnt sich, über diesen offenkundigen Unterschied zwischen der Bibel und uns kurz nachzudenken.

»Wunder gibt es einfach«

Für uns heute besteht das Problem: Kann es überhaupt Wunder (in dem oben genannten eingeschränkten Sinn) geben? – Für die Menschen im Umfeld der Bibel ist es dagegen keine Frage, daß immer wieder unsichtbare Mächte in das Sichtbare eingreifen. Denn das Leben ist auch sonst wesentlich eine bunte Abfolge von Unvorhersehbarem. Wer – im Unterschied zu uns – weder Naturgesetze noch all die Versicherungen kennt, die auch Überraschendes zu verkraften helfen, der wird buchstäblich »von Klippe zu Klippe geworfen« (Hölderlin) und muß sich ständig mit neuen Mächtigen und neuen Mächten arrangieren. Angesichts dieses Wechselbades ist die Bedeutung von Glauben als »Treue« gar nicht hoch genug einzuschätzen, ja sie gewinnt erst eigentlich in diesen unsicheren Verhältnissen Sinn.

Da es also in der Geschichte nichts Sicheres gibt, auch keine behelfsmäßigen Sicherheitsvorkehrungen, ist dem Maß des Unvorhersehbaren keine Grenze gesetzt. Das Pendel kann so oder so ganz weit ausschlagen.

Wir halten fest: Voraussetzung dafür, daß Wunder erlebt und erfahren werden können, ist, daß das menschliche Dasein in hohem Maße ungesichert ist. Der Mangel an festen Strukturen ist die Kehrseite für die Chance, Wunder überhaupt noch wahrnehmen zu können.

Und wir beobachten auch: Gerade in der Situation der erstmaligen Berührung mit dem Evangelium, in der Situation der möglichen Bekehrung, sind die Unsicherheiten am größten. In der antiken Kirche betrifft diese Unsicherheit auch den familiären und materiellen Kontext des Lebens. Denn sich zum Christentum zu bekehren bedeutete, die bisherigen Bindungen zu verlassen. Um so wichtiger wird in einer solchen Situation der Verunsicherung die Person des Wundertäters. – Aus alledem wird klar erkennbar, warum Wunder fast immer im Zusammenhang mit (Erst-)Mission überliefert sind. Wunder werden daher dort erfahren, wo man mit fast allem rechnet, mit Rettung oder Tod, mit einer radikalen Wende der Lebensumstände und allen Folgen, die das haben kann.

Muß man an Wunder glauben?

Wir unterscheiden für eine Weile zwischen dem antiken Menschen zur Zeit und im Umkreis der Bibel und dem heutigen Menschen.

Menschen der Bibel

Für den Menschen der Bibel ist die Sachlage klar: Wunder ist eine Erfahrung; der Empfänger oder der Zeuge wird Teil eines Geschehens, in dem sich Kräfte offenbaren, die größer sind, als die eines Menschen sein können. Daran muß man nicht glauben, sondern das ist einfach überwältigend. Das Wunder ist Inhalt einer unersetzlichen Erfahrung. Daher sind für die Evangelien die Zeugen wichtig. Aber von niemandem wird verlangt, an Wunder zu glauben.

Zum Wunder gehören immer zwei: einer, der die Wirklichkeit in dieser Art erleben kann, und einer, dem man die Kraft zu einem Wunder zutraut. So können wir die »Ausgangslage« für diese Erfahrung rekonstruieren. Gleichzeitig wird verständlich, warum bei uns in der Regel keine Wunder im oben eingegrenzten Sinn geschehen. – Daß dieser Ansatz nicht einfach »ungläubig und schnöde« ist, wie ein Kommentator meinte, sagt das Neue Testament selbst. Denn nach Markus 6,5f kann Jesus in der Umgebung seiner Heimatstadt kein Wunder wirken, weil die Menschen ihn ablehnen.

Jesus kann nicht heilen

Der Text lautet: *Und Jesus konnte dort kein Wunder wirken. Nur wenige Kranke heilte er durch Handauflegung. Und er staunte über ihren Unglauben.*

Das ist einer der ganz überraschenden Texte der Evangelien: Jesus versagt in seinem Beruf. Er kann etwas nicht, was er können müßte, er, der mit Leichtigkeit Tote erweckt und über das Meer geht. Vor allem in der kirchlichen Kunst aus der ersten Hälfte dieses Jahrhunderts tritt uns Jesus vor Augen als der große Held mit männlich-entschlossenem Ausdruck. Der Held kennt kein Hindernis, er kann buchstäblich alles. In der kirchlichen Frömmigkeit hat man über viele Jahrhunderte hin immer wieder die Hoheit und Gottheit Jesu Christi betont, nur ganz selten seine menschliche Schwachheit.

Aber hier ist Jesus ganz schwach und machtlos. Diese Erzählung ist geradezu eine Parodie auf eine Wundergeschichte. Denn in den Berichten über Wunder heißt es oft am Schluß: »Und alles Volk staunte über die Tat Jesu und lobte Gott« (oder ähnlich). Hier staunt nicht die Zuschauerschaft, sondern Jesus selbst, und zwar über das Phänomen des Unglaubens, der zweifellos die Ursache für Jesu Versagen ist. Hier fehlt gerade der Glaube, von dem Jesus sonst sagen kann: »Er hat dich gerettet.«

Also ist Jesus nicht mächtig, geschweige denn allmächtig. Denn die Mauer des Unglaubens kann er nicht durchdringen. Das ist nicht nur ein Trost für alle Pfarrer, die vor demselben Problem stehen. In Markus 9,28f wird diskutiert, daß die Jünger unfähig waren, ein Wunder zu wirken. Jesus gibt Gegenmittel an.

Aber es weist auch hin auf das sensible und offensichtlich komplexe Geschehen eines Wunders. Denn der Glaube ist nicht das Resultat – wie oft im Johannes-Evangelium, wo es dann heißt: Sie sahen und glaubten –, sondern eben ein Teil des Wundergeschehens selbst; der Teil, den der Mensch zu erbringen hat und ohne den das Wunder nicht sein kann. Im Klartext heißt das ganz eindeutig: Wo Glaube ist, kann ein Wunder geschehen, nur dort. Die Vollmacht des Heilers und das Zutrauen des zu Heilenden sind daher wie kommunizierende Röhren, wie zwei Schalen einer Waage, die auf gleicher Höhe sein müssen, damit das Wiegen gelingen kann.

Warum ist das so angelegt? Warum ist Jesus kein Wunderautomat? Wiederum entgegen unserer Erwartung werden Gnade und Heilung nicht nach dem Gießkannenprinzip verteilt. Gott überwindet nicht jede Mauer, sondern er kann nur wirken, wo Menschen sich öffnen.

Warum ist das so? Sind Wunder dann also doch nicht nur äußerliche Vorgänge und sogenannte Mirakel, wie die Forschung oft argwöhnte? Haben sie vielleicht doch etwas mit Herz, ja mit Liebe zu tun? Denn jemandem Zugang gewähren, mit ihm eins werden, das geschieht sonst in der

Liebe. Sind Wunder viel menschlicher und viel komplizierter, als man dachte?

Dann sind Wunder nicht nur gewaltige Machttaten, Erweise der Kraft, sondern sind wie ein vierhändiges Klavierspiel des Wundertäters und des zu Heilenden. Nur wenn beide eins sind, kann die Musik – hier: der heilende Gott – zwischen ihnen sein. Wo der Wille fehlt, gemeinsam Musik zu machen, sich der Musik gemeinsam auszusetzen, ist das Helfenwollen des Heilers vergeblich.

Aber wie kommt es, daß Menschen nicht wollen, obwohl sie dann doch geheilt werden könnten? Es heißt dazu nur: Jesus staunte darüber – wie man sonst über eine Macht staunt, wie man sonst über ein Wunder staunt. Es gibt eben nicht nur die staunenswerte Macht Gottes im Wundertäter, es gibt auch die staunenswerte Macht des Nein! Ihr gegenüber ist Gott machtlos. Dies allein ist, wenn man so will, die wahre und einzige Ohnmacht Gottes.

Warum macht Gott sich so abhängig vom Nein der Menschen? Die Antwort auf diese Frage hängt damit zusammen, daß Gott nicht wie eine Gießkanne vorgeht. Aus diesem Grund gibt es immer nur den Rest, den schmalen Weg. Nicht die allgemeine Menschheit, sondern das Häuflein der Weltverbesserer. Was ist das für ein Gott, der sich durch das Nein der Menschen hindern läßt? Das ist ein Gott, der um alles in der Welt ihr Ja will. Und der zu wissen scheint, daß Liebe das Kostbarste und Schönste, ja das Einzige ist, das Menschen wirklich von sich aus geben können.

Worauf richtet sich der Glaube?

Der Glaube im Sinne der Bibel richtet sich demnach nicht auf das außergewöhnliche Geschehen, sondern auf Gott, der im Wundertäter handelt. Ist es der Gott der Väter, der in ihm handelt, der ihm die Kraft gegeben hat? Erkennen wir die Handschrift des Gottes Abrahams in diesem Wundertäter wieder?

Wenn also die Bibel im Zusammenhang mit Wundern vom »Glauben« spricht, dann richtet sich dieser auf die Verbindung des Wundertäters mit Gott. Die entscheidende Frage, zu der nach dem Verständnis der Bibel das Wunder aufrufen will, die es als Geschehen nur vorbereiten will, lautet: Ist Jesus (der Apostel usw.) der Ort, an dem Gott gegenwärtig ist und wirkt?

Jesus als Wundertäter anzunehmen bedeutet daher: Gott ist in ihm gegenwärtig, wie wärmendes Feuer in einem Ofen glüht oder so, wie Gott in einem Tempel wohnt. Und Glauben heißt hier: Wir glauben an den im Handeln Jesu sichtbar werdenden einen und einzigen Gott. Entsprechend bei den Wundern von Jüngern Jesu und Heiligen: Wir glauben an den in ihnen sichtbar werdenden Gott Jesu Christi.

Denn christliches Glauben geht nicht darin auf, irgendwelche Bibeltexte wortwörtlich zu nehmen wie die Gebrauchsanweisungen für Möbel im Selbstbau. Das eigentlich Schwierige, das wahre Risiko des biblischen Glaubens besteht darin, sich auf den Gott Jesu Christi zu verlassen, auf die Treue dieses Gottes hin zu leben und zu sterben. Die Wunder sind nur als Hilfestellungen für diesen weitreichenden und umfassenden Entschluß gedacht.

Menschen der Gegenwart

Für Menschen unserer Zeit dagegen scheint die Lage zunächst schwieriger zu sein. Die meisten sind der Meinung, das Christentum verlange von ihnen einen Wunderglauben in dem Sinne, daß sie unwahrscheinliche, ja unsinnige Geschichten gegen Verstand, Welt- und Lebenserfahrung gehorsam annehmen müßten. Entsprechend sind die Wunder nicht Hilfestellung wie für die Menschen der biblischen Zeit, sondern Hürde und Erschwerung.

Als Ausweg wird oft angeboten, alle Wunderberichte der Bibel ganz und konsequent wegzulassen und sich auf den Rest zu beschränken, nämlich auf Moral und Sündenvergebung oder Rechtfertigungslehre. Auf das Letztgenannte hin wurden dann auch die Wunderberichte entmythologisierend ausgelegt. Das ist jedoch meiner Ansicht nach nicht der richtige Weg, wie im folgenden zu zeigen ist.

Bevor wir uns dem neuen Gedankengang zuwenden, fragen wir noch einmal: *Muß man also an Wunder glauben? Und wir halten fest:* Geglaubt wird nach der Bibel nur an den einen Gott und an den einen, in Jesus anwesenden und wirkenden Gott. Und Wunder hatten in der Bibel den Sinn, diesen Glauben zu unterstützen, ihn zu provozieren. Es wäre schön, wenn die Wunder durch die Art, in der sie in der Verkündigung vorkommen, diese Rolle wieder wahrnehmen könnten. – Muß man an Gott glauben? Nach Ansicht der Bibel ist der Glaube an den Gott Israels heils- und lebensnotwendig. Weiter können wir nicht sehen; wer mehr zu wissen glaubt, kann sich dafür nicht auf die Bibel berufen. Die Bibel weiß aber auch, daß selbst Gott mit seiner Macht scheitern kann am Nein der Menschen.

Darf man an Wunder glauben?
Wunder in der modernen Theologie

Die Frage, ob Wunder für den Glauben überhaupt eine positive Rolle spielen dürfen, war in der protestantischen Theologie dieses Jahrhunderts lange umstritten. Besonders bei den Wundern mit leiblichen Konsequenzen sprach man von Mirakeln, die zu erzählen unsachgemäße Rede von Gott sei. Der Hintergrund dieser Auffassung war, daß das einzige wirkliche Wunder darin bestehe, daß Gott im Menschen den Glauben wirke. Damit hatte man das Wirken Gottes auf den Bereich der Innerlichkeit und des Bewußtseins eingeschränkt.

Man hätte die Frage: Darf man an Wunder glauben? in jeder Hinsicht verneint, und das aus zwei Gründen:

– Die moderne Physik schien zu lehren, daß es Wunder nicht geben könne. Theologie aber mußte auf dem neuesten Stand der Naturwissenschaft sein.

– Der Glaube durfte sich nicht auf Wunder stützen, wenn er denn Glaube sein wollte. Denn Glauben faßte man als grundloses reines Vertrauen.

Beide Begründungen sind inzwischen als überholt anzusehen.

– Zum ersten Grund (Physik): Die Physik des 19. Jahrhunderts war bisweilen sehr dogmatisch und rigoristisch. Im 20. Jahrhundert jedoch hat man erkannt, daß auch in den Naturwissenschaften die Erkenntnisse zirkulär sind; das heißt das, was man herausbekommt, ist entscheidend von der Fragestellung abhängig. Zudem weiß man um die radikale historische Bedingtheit aller Erkenntnisse. Das bedeutet eine größere Einsicht in die Grenzen des eigenen Erkennens. Gerade in diesem Punkt gilt der unbedingt zu bejahende Grundsatz: Wissenschaft wird entweder ganz und konsequent betrieben – oder gar nicht. Aber in der Radikalität des Fragens liegt auch die Erkenntnis eigener Grenzen. Diese sind freilich nie und nimmer durch Glaubensinhalte vorzuschreiben. Wann immer christliche Kirchen das versucht haben, waren sie nur grundlos kleingläubig und voll Mißtrauen gegenüber der Stichhaltigkeit des Eigenen.

– Zum zweiten Grund (Glaube als reines Vertrauen): Hier hatte Rudolf Bultmann Martin Luthers Verständnis von Glauben weit über Luther hinausgehend radikalisiert, um die – wie er meinte – negativen Ergebnisse der liberalen Evangelienkritik nun gerade positiv dogmatisch abstützen zu können. Was, wie er dachte, historisch nicht mehr erweisbar war (Jesu Wunder), sei noch nie Inhalt oder Anlaß des Glaubens gewesen. Aber bei Luther sind Wunder selbstverständlich Anlässe zum Glauben, das zeigt besonders seine Auslegung des Johannes-Evangeliums. – Hier also lutherischer als Luther sein zu wollen, das hat sich darin gerächt, daß nun der Glaube rein personalistisch verstanden wurde und jede Beziehung zur Geschichte verlor. Das ist jedenfalls im Neuen Testament selbst anders. Ob es in Deutschland zwischen 1920 und 1960 notwendig war, Glaube in dieser Weise von der Geschichte zu lösen und als »reines Vertrauen« zu stilisieren, mag dahingestellt sein. Für viele war dieser Ansatz eine Befreiung. Für die meisten war es der Weg in ein völlig abstraktes und unsichtbares Christentum, das am Ende keine Beziehung zur Kirche mehr aufwies.

Konkretionen

Was ist das für ein Glaube?

Ein Hauptmann hatte einen Knecht, der ihm lieb und wert war; der lag todkrank. Als er aber von Jesus hörte, sandte er die Ältesten der Juden zu ihm und bat ihn zu kommen und seinen Knecht gesund zu machen. Als sie aber zu Jesus kamen, baten sie ihn sehr und sprachen: Er ist es wert, daß du ihm die Bitte erfüllst; denn er hat unser Volk lieb, und die Synagoge hat er uns erbaut. Da ging Jesus mit ihnen. – Als er aber nicht mehr fern von dem Haus war, sandte der Hauptmann Freunde zu ihm und ließ ihm sagen: Ach Herr, bemühe dich nicht; ich bin nicht wert, daß du unter mein Dach gehst; darum habe ich auch mich selbst nicht für würdig geachtet, zu dir zu kommen; sondern sprich ein Wort, so wird mein Knecht gesund. Denn auch ich bin ein Mensch, der Obrigkeit untertan, und habe Soldaten unter mir; und wenn ich zu einem sage: Geh hin!, so geht er hin; und zu einem andern: Komm her!, so kommt er; und zu meinem Knecht: Tu das!, so tut er's. – Als aber Jesus das hörte, wunderte er sich über ihn und wandte sich um und sprach zu dem Volk, das ihm nachfolgte: Ich sage euch: Solchen Glauben habe ich in Israel nicht gefunden. Und als die Boten wieder nach Hause kamen, fanden sie den Knecht gesund. (Lukas 7,2–10)

Von Fernheilungen hört man immer wieder. Sie gehören zum Beruf des Heilers dazu. Insofern sind sie nichts Besonderes. Denn das homöopathische Prinzip der Unverhältnismäßigkeit, das sich immer wieder bei Wundern findet, gilt auch hier. Wer durch ein Wort Tote erweckt, durch eine Berührung langes Siechtum enden läßt, der kann auch über eine große Entfernung hin wirken. Immer ist es das Allerwenigste, wo man fast keine Energie mehr spürt, das am meisten wirkt, das ein Wunder vollbringt. War es nicht auch mit dem Reich Gottes so – groß wie ein Senfkorn? Heißt es nicht über diesen Messias: Seine Stimme hört man nicht laut auf den Gassen?

Das Wunder ist hier eher, daß Jesus dieses Zutrauen, das Menschen in Not auch hergelaufenen Wunderdoktoren schenken, als Glauben deutet und annimmt. Denn dies ist kein frommer Kirchenglaube, kein Bekenntnis- und Rechtfertigungsglaube. Das alles wäre viel zu hoch und eine Zumutung hier und auch sonst. Hier geht es viel einfacher zu: Das Christentum hat seinen Weg in die Herzen der Menschen genommen, weil man Gott um alles bitten darf, auch um Gesundheit. Weil die Evangelien voll sind von Wundergeschichten.

An der Unpopularität unserer Krankenkassenreformen sieht man, wie wichtig das Thema für die Menschen ist. Auch heute noch sind wir im Fall von Krankheiten wirklich in Not. Die verzweifelte Hoffnung richtet sich hier auf Jesus. Und er nimmt diesen allzu menschlichen Notschrei als Glauben an. Vielleicht ist dies das eigentliche Wunder: Welchen Glauben auch immer wir haben, wir werden akzeptiert, wenn sich Klage und Hoffnung nur auf ihn, auf Jesus richten. Unsere Frömmigkeit ist oft allzu akademisch, unsere Gebete sind zu gebildet, sind unserem Herzen und unserem Leib zu fremd.

So kann man sich über unsere Geschichte nur wundern. Mit guter Beobachtungsgabe, was Menschen angeht, stellt Lukas die rührenden Versuche der Leute hier dar, an Jesus heranzukommen. Die Juden sagen: Der Hauptmann ist unser würdig, denn er liebt unsere Nation und hat uns eine Synagoge gebaut. Und Jesus akzeptiert das. Als ob sich jemand durch Geldaufwendungen würdig machen könnte für den Besuch des Herrn in seinem Haus. Wie menschlich, allzu menschlich, dieses Urteil des jüdischen Publikums. Aber Jesus läßt sich darauf ein und zieht mit.

Auch die nächste Station ist nicht weniger rührend. Der Hauptmann denkt ganz als Militarist. Wenn er zu seinen Soldaten sagt: Zack, zack, dann tun sie es. Und so stellt er sich auch Jesus vor. Eben jenen Jesus, der wenige Verse zuvor in der Feldrede Feindesliebe und Gewaltverzicht gepredigt hatte. Ganz sicher hatte Jesus mit höheren Offizieren auf den ersten Blick nicht viel gemeinsam, mit Menschen also, deren militärische Welt sich bisweilen, wie hier, bis in die Artikulation ihres Glaubens hinein erstreckt. Auch diesen Offizier, der sich Jesu Handeln wie das Kommandieren auf dem Exerzierplatz vorstellt, nimmt Jesus an.

An drei Stellen unserer Erzählung also, bei den Juden, beim Hauptmann und beim Vertrauen auf die Fernheilung, akzeptiert Jesus abergläubische oder allzu naive Vorstellungen, die wir kaum Glauben zu nennen wagten.

Wir können daran erkennen: Glauben ist keine Leistung, auch kein besonders klares Denken, sondern Glaube ist eine Richtung, die wir unsere Not und Verzweiflung nehmen lassen. Eine Richtung unseres Schreiens. Wir heutigen Menschen aber sind oft wie altkluge Kinder, die sich immer schon selbst die Antwort geben. Wir angeln dann nach Glaubensvorstellungen, statt die Antwort ihm zu überlassen. Lassen wir ihn doch einfach die Mauer sein, vor der wir klagen. Wir müssen uns nichts Kluges dazu einfallen lassen. Sollten wir dem Herrn nicht auch einmal Grund geben, über unseren Glauben zu staunen?

Und von da aus kann man dann die ganze Geschichte noch einmal lesen. Dann bemerken wir, daß der Hauptmann Jesus gar nicht begegnet, nur über Mittelsmänner hat er Kontakt zu ihm. So ist er in der gleichen Lage wie wir. Die Menschen bei Jesus, die in seiner Nähe sind, treten für den Hauptmann ein, so wie Menschen für einander Fürbitte leisten. Wie der heidnische Hauptmann sind wir fernen Heidenchristen darauf angewiesen, daß Menschen uns von Jesus erzählen. Wie er sind wir durch eine Menschenkette von Zeugen mit Jesus verbunden. Zwei Formen der Nächstenliebe, ganz unauffällig nebenbei geübt: Zeugen vermitteln, Menschen treten für einander ein.

Und wir bemerken auch diese Abweichung von der Regel solcher Erzählungen: Nicht die Leute staunen über Jesus, sondern Jesus staunt über ihren Glauben. Denn, wie er selbst sagt, nicht Jesus wirkt das Wunder, sondern der Glaube. Der Glaube, zu dem Jesus den Anlaß gab, er ist das wahre Wunder und die Kraft, aus der Wunder kommen. All die Erzählungen, nach denen Jesus sagt »Dein Glaube hat dich gerettet«, können besonders in den Zeiten, in denen Jesus nicht mehr selbst auf Erden Wunder wirken kann, den Menschen sagen, daß sie nicht auf die irdische Gegenwart Jesu angewiesen sind, sondern daß die Kraft ihres Glaubens genügt.

Denn unser Glaube ist noch immer dem des Hauptmanns ähnlich. Wir wissen über Jesus nur von ferne her einiges, auch unsere Nöte sind elementar, aber auch uns sagt der Herr: Wer nicht gegen mich ist, der ist für mich. Nur die Richtung muß stimmen, die aber ganz. Wenn wir nur eine Ahnung davon haben, daß durch ihn alles gut werden kann, wenn wir nur, wie indirekt auch und über tausend Ecken vermittelt, in Berührung kommen mit ihm, dann wird er alle unseren naiven, falschen und abergläubischen Hoffnungen annehmen, wie sie sind. So ermuntert er uns zu dem, was wir heimlich ersehnen und eben so oft nicht wagen, uns nicht trauen zu tun, zu einem Leben vor seinem Angesicht

Wenn nur die Richtung stimmt, wenn wir nur irgendwie ahnen, daß wir uns dem Gott Jesu Christi wie einer Klagemauer nähern dürfen, dann müssen wir keine Angst mehr haben vor den angeblichen Mängeln unseres Glaubens, als wäre er nicht salonfähig oder nicht kirchlich genug. Wenn nur die Richtung stimmt, dann gilt auch dieser Satz: Wir werden uns noch wundern, wie barmherzig Gott ist.

»Dein Glaube hat dich gerettet«

Dieser Satz ist, wie wenn einem der Preisrichter die Goldmedaille als Zeichen des Sieges überreicht. »Deine Ausdauer reiht dich ein in die Schar der Sieger.« Dieser Satz fällt oft in den Evangelien, nicht nur in Wundergeschichten. Auch als die zweifelhafte Frau Jesus salbt und seine Füße küßt, sagt Jesus so zu ihr (Lukas 7,50).

»Dein Glaube hat dich gerettet.« Wir fragen: Wer sagt diesen Satz zu wem? Jemand, der einem anderen eine frohe Mitteilung macht: Du bist gerettet. Jemand, der das so sprechen kann, weil er es genau weiß wie ein Richter oder Schiedsrichter. Der Satz ist eine Feststellung und auch eine Beschreibung. »Es war dein Glaube, der das bewirkt hat.« Wer so spricht, akzeptiert den Glauben, er sagt, was der Glaube zustande gebracht hat und daß er voll und ganz zur Rettung, zu nichts Geringerem, gereicht hat. Ist es ein Satz, den so auch frühchristliche Wanderprediger oder Propheten denen sagten, die dann aufgenommen waren in die Schar der Geretteten, eine Art Taufschein? Wir wissen es nicht genau, aber der Satz sieht aus wie ein Urteil, das Klarheit verschaffte, vielleicht einen Prozeß der Bewährung abschloß (Glaube heißt auch »Treue«, daher oben »Ausdauer«) und Annahme bedeutete. »Hat dich gerettet« – unüberholbare Gewißheit wird hier zugesprochen.

Auch dieses ist wichtig: Nicht der Wundertäter hat die Rettung »am Glaubenden« bewirkt, als wäre dieser sein Objekt gewesen. Denn der Glaubende hat sich eingelassen auf den einen und einzigen Gott, ist mit ihm einig geworden, und diese Einigkeit machte ihn stark.

Es sind zwei Arten von Berichten, in denen der Satz fällt »Dein Glaube hat dich gerettet«. In der ersten Gruppe wird dieser Glaube nicht verbal »anspruchsvoll« formuliert. Der Glaubende erkennt an, daß der Gott Jesu Christi in Jesus Christus selbst – etwa wie in einem Gefäß – physisch anwesend ist. Der Glaube richtet sich auf diesen Gott Jesu Christi. Weil er »in Jesus« greifbar ist, deshalb ist die physische Berührung wichtig, ja sie kann vollwertiger Ausdruck dieses Glaubens sein (Markus 5,34; Lukas 7,50). Glauben heißt hier: die rettende Gegenwart Gottes in Jesus annehmen. Dieser Glaube ist einerseits auf Jesus angewiesen, schafft andererseits eine direkte Beziehung zwischen dem Glaubenden und Gott. Der Glaube hat auch hier schon etwas mit Geduld zu tun, weil es in den Wunderberichten oft um die Überwindung des langen Anwegs zu Jesus geht. – Der Satz »Dein Glaube hat dich gerettet« fällt hier immer angesichts der Wundertat oder Sündenvergebung durch Jesus. Das heißt: »Rettung« ist hier das Ganze. Das Wunder bringt die umfassende Heilung des Patienten sichtbar zum Ausdruck. Daß es sich um die umfassende Heilung handelt, erkennt man auch daran, wie sich in Lukas 7,36–50 und in Markus 2,1–12 Jesu Wundertat und die Sündenvergebung überschneiden und die Sündenvergebung wie ein Wunder kommentiert wird.

Für die generelle Bedeutung von Wundern im Neuen Testament sind diese Beobachtungen keineswegs belanglos: Das Wunder bringt überhell und überdeutlich sichtbar zum Ausdruck, was mit jedem einzelnen geschieht, der zu Jesus kommt. Weil es keine Zweigeteiltheit des Menschen in Leib und Seele gibt, ist für die Evangelien insgesamt die Leiblichkeit des Menschen die Ebene, auf die das gesamte Heil und Ergehen projiziert wird, anders gesagt: auf der das Heil sich abspielt und faßbar wird. So kommt am Wunder zum Vorschein, was mit dem Menschen insgesamt geschehen ist. So ist das Wunder nicht die Ausnahme, sondern es bringt zur Anschauung. Es steht nicht als Mirakel allein in einer Einöde, sondern ist wie der erste Gipfel einer Gebirgskette, die sich aus dem Morgennebel herausbildet. Die Frage nach der Faßbarkeit des Heils wird im Wunder exemplarisch und prototypisch beantwortet. Weil Leib und Seele nicht getrennt werden, verdient auch dieser erste Gipfel schon den Namen »Rettung«. Wenn jemand so geheilt wird, dann ist er Gott begegnet, dann kann er nur ganz gerettet sein. Rettung ist unteilbar, und daher irren Ausleger, die das Wunder abtrennen wollen vom Eigentlichen. So ist das Wunder weder nebensächlich noch äußerlich, sondern organischer Teil des Ganzen. Es ist nicht Vorwegnahme des Endgültigen – etwas vorwegzunehmen, scheint mir keine biblische Kategorie, eher eine sehr späte juristische –, weist aber doch auf die Eigenart des Gesamtprozesses, ähnlich dem paulinischen »Angeld« (griechisch: *arrhabon*).

Anders in einer zweiten Gruppe von Texten. Hier sind Heiligung und Rettung getrennt. Heiligung heißt »kultische Reinheit«, Rettung heißt ewiges Heil. Unter dem Aspekt der Reinheit sind hier die beiden Elemente auseinandergezogen, die in der ersten Gruppe zusammenfielen.
Der älteste Beleg ist mit 1 Korinther 7,14.16 gegeben. Paulus tröstet hier die Christen, die mit einem nichtchristlichen Partner verheiratet sind: Auch die Nichtchristen sind durch sie »geheiligt«. Das heißt: Die Heiligkeit des christlichen Partners ist wie ansteckend, die nichtchristlichen Partner sind nicht unrein und müssen nicht gemieden werden. Aber eines, sagt Paulus, ist nicht sicher: Der christliche Teil weiß nicht, ob er den nichtchristlichen »retten«, das heißt doch: zum Glauben und damit zur Hoffnung auf Auferstehung führen wird. Ähnlich wird in Lukas 17,11–19 unterschieden. Die zehn Aussätzigen sind durch Jesu Wort rein geworden. Die Priester können es bestätigen. Diese Reinheit entspricht der ansteckenden Heiligkeit bei Paulus. Doch nur einer ist nach Lukas 17 zu Jesus zurückgekehrt, hat ihm gedankt und Gott die Ehre gegeben, das heißt: Er hat sich durch den Lobpreis zu Gott bekannt. Das erst war der Weg, auf dem er durch seinen Glauben gerettet wurde. Dieser rettende Glaube aber konnte von Jesus erst nach dem Dank an Jesus und dem Loben des Herrn bestätigt werden. Ähnlich wie bei Paulus in Römer 10,10–13 gehören hier Glauben, Bekennen und Rettung zusammen. – Das heißt: Anders als in der ersten Gruppe von

Texten ist hier mit dem Rein-Werden noch nichts gewonnen. Erst Dank und Gott verherrlichendes Bekennen machen den Glauben aus, der rettet.

Der Text über den dankbaren Samaritaner steht daher in der stadtrömischen Liturgie des 1. Jahrtausends am 13. Sonntag nach Pfingsten mit Galater 3,16–22, dem klassischen paulinischen Text über den Glauben (Gesetz und Verheißung; Zugehörigkeit zu Vater Abraham durch Glauben), zusammen. Hier wie in Lukas 17 überwindet der Glaube die Schranke der Nicht-Zugehörigkeit zu Israel.

Auffällig ist: Auch in Lukas 17 noch bedeutet der Glaube kein christologisches Bekenntnis zu Jesus. Sondern angesichts des Handelns, das durch Jesus geschieht, verherrlicht der Samaritaner Gott. Aber während die anderen Aussätzigen Jesus fernbleiben, kommt der dankbare geheilte Samaritaner zu Jesus, um vor ihm niederzufallen (und seine Knie zu berühren). Auch hier besteht also die Dramatik der Wundergeschichte darin, daß der Abstand zu Jesus überwunden wird. Und erst wenn dieser Abstand überwunden ist, gilt der Satz »Dein Glaube hat dich gerettet«. Darin stimmt also auch Lukas 17 mit den Texten der ersten Gruppe überein. Auch dort war der Satz »Dein Glaube hat dich gerettet« immer erst möglich, wenn der Betreffende bei Jesus angelangt war oder ihn gar berührt hatte. – Nur ist eben im Fall von Lukas 17 der Abstand zu Jesus größer gewesen (wegen des Aussatzes, der hier wohl für Unreinheit überhaupt steht) und war daher erst in zwei Etappen zu überwinden. Die Figur des Samaritaners, der »fremdstämmig« genannt wird, läßt auch an Heiden(christen) denken.

Entscheidend ist in Lukas 17 die Entstehung des Glaubensbekenntnisses aus dem Lobpreis. Es sei nur vermerkt, daß es sich hier um ein vernachlässigtes Thema christlicher Spiritualität handelt.

3. Teil
Wie kann es heute Wunder geben?

Der grassierende Rationalismus ist kaum nur durch bessere Einsicht zu überwinden. Zwar habe ich in den vorangehenden Abschnitten nichts anderes versucht, als solche Einsichten zu vermitteln, aber die Selbstkritik gebietet es, die Grenzen des Argumentierens zu erkennen.

Die Alternative zum skizzierten engen Rationalismus ist sicher auch nicht Klerikalismus. Der wäre nur eine Spielart dessen, was er zu bekämpfen vorgibt, genauso eng, geltungssüchtig und begrenzt. Vor allem werden Dimensionen des Verstehens nicht auf dem Verordnungsweg gewonnen.

Man könnte versuchen, das Mythisch-Wunderbare zugänglich zu machen, indem man an andere extreme menschliche Erfahrungen anknüpft. So habe ich versucht, über Ostern und Auferstehung in Gestalt eines Liebesbriefes zu reden (in dem Buch: Wie ein Vogel ist das Wort, 1987, 167–169). Hier wird die Spitzenerfahrung von Liebe in der Begegnung zwischen Mann und Frau zum Bild für das »Leben«, um das es in der Auferstehung auch geht, zum Beispiel die Überwindung der Zeit, die Erfahrung absoluter Schönheit, und daß Gott die Kreatur nicht aus ihrer Bestimmung entlassen wird, ihn zu loben.

Ansteckend sind auch Menschen, die im Vollzug ihres Lebens erkennen lassen, daß Auferstehung für sie wichtig ist und daß sie den Tod nur als Station auf dem Weg zu Gott sehen (Franz von Assisi: »Bruder Tod«).

Mythisches wird schließlich durch Kunst und Liturgie (oder durch beides, ineinander verschränkt) vermittelt. Es ist sehr fraglich, ob dieses für moderne Menschen einfach nur »lächerlich« ist. Die Wahrnehmungen des Seelsorgers weisen in eine ganz andere Richtung. Davon, daß die »einfachen Leute« aufgrund ihrer Wissenschaftsgläubigkeit daran gehindert würden, dieses ernstzunehmen, kann nach meiner Erfahrung keine Rede sein.

Wir halten fest: Nur wer kritiklos »Wissenschaft«, »Objektivität« und Modernität des Menschseins gleichsetzt, wird verlangen, daß sein Glaube »wissenschaftlich« abgesichert ist. Es ist schlicht Aberglaube, wenn das von »der Wissenschaft« verlangt wird. Es gibt Bereiche des Lebens, wie zum Beispiel die Wahl eines Partners, die Schönheit einer Sinfonie, die Weisheit eines Satzes, für die nur ein wahrhaft Blinder nach wissenschaftlichen Kriterien suchen würde. Das alles bedeutet nicht, der Glaube sei »irrational« oder die reine Widervernunft oder Gläubige müßten auf den Gebrauch des Verstandes verzichten. Der Glaube hat seine eigene Logik. Um sie geht es in meinem Beruf als Theologe an der Universität. Die Logik des Glaubens ist der naturwissenschaftlichen so nah und so fremd wie die Grammatik des Japanischen der lateinischen Schulgrammatik, wie man sie an Gymnasien lernt.

Ist Wunderglaube überholt?

Nicht nur in der Frage der »Wunder«, auch bezüglich der Religion allgemein versieht man den Glauben in unserer Gesellschaft sehr häufig mit dem Attribut »noch«. In der Tat: Ist Wunderglaube nicht längst veraltet? – Entsprechend nehmen sich die Erklärungen von Theologie und Kirche zum Thema »Wunderglauben« dann regelmäßig wie Rückzugsgefechte aus. Bestenfalls, so ist öfter der Eindruck, könne es gelingen, den »Wunderglauben« verständlich zu machen und als eine – wenn auch vergangene und nicht aktuelle – Form von Christentum oder Religion wenigstens zu erklären. Diese rein defensive und nur noch abwehrende Haltung bestimmt weithin moderne Apologetik mit Argumenten, die Christliches gewollt als modern erweisen sollen. Doch diese Vorgehensweise scheint immer schon davon auszugehen, daß das, was so verteidigt wird, veraltet, im Grunde ein Relikt und unpassend ist, ein religionsgeschichtliches Fossil.

Da aber ein großer Teil der Evangelien des Neuen Testaments aus Wunderberichten besteht und auch aus sachlichen Gründen scheint mir eine derartig defensive Strategie unangebracht. In meinen Augen wäre es höchst fragwürdig, diese Berichte nur wie entschuldigend »verständlich machen« zu wollen.

Für notwendig halte ich dagegen eine offensive Strategie. Nur dann, so scheint es mir, wenn der »Wunderglaube« notwendig zum Christentum dazu gehört, wenn wir Wunder »brauchen«, nur dann liegt in meinen Augen sachgemäße Auslegung vor. Die enge Verbindung der frühchristlichen Berichte über Wunder mit dem Gottesbild, dem Jesusbild und dem Menschenbild läßt es aus meiner Sicht nicht zu, Wunder für eine Nebensache zu erklären. Die Chance dieser Texte liegt darin, daß sie eben zur Hauptsache gehören. Das ist dann der Fall, wenn man sich ihrer nicht mehr schämt und sie nicht »anderen« Christen überläßt, von denen man sich wohltuend zu unterscheiden meint. Mir scheint: Nur wo man den Wunderglauben offensiv begreift, hat man das Neue Testament verstanden. Die Frage muß also lauten: Warum sind Wunder geradezu notwendig, in welchem Sinne sind sie wirklich elementare Erfordernisse des Christwerdens?

Nach dem Neuen Testament bestehen Heilungswunder darin, daß jemand lautlos wieder in Ordnung gebracht wird, der »aus der Bahn gesprungen« war. Das ist ein ganzheitlicher Vorgang, der wohl gerade deshalb, weil er ganzheitlich ist, heilende Funktion haben kann. Das Sichtbare und Leibliche ist nur jeweils wie ein Pol einer Ellipse. Ich möchte vermuten, daß sich dieses In-Ordnung-Kommen angesichts von Gottes »Bodenpersonal« sehr viel öfter vollzieht, als wir es wahrnehmen können, nicht so spektakulär wie im Neuen Testament, aber ganzheitlich wie dort.

Menschen kommen immer dann »in Ordnung«, wenn sie ihren Lebenssinn finden, ihre Identität entdecken und angesichts des Geheimnisses Gottes zu sich selbst finden. Das hat selbstverständlich leibliche Folgen. Wenn Markus 8,35 das mit dem Ausdruck »sein Leben retten« formuliert, so liegt darin gerade jener konkrete und ganzheitliche Aspekt, der für das »Wunder« typisch ist. Sein Leben »rettet« man, indem man bereit ist, es zu verlieren, das heißt, es in Liebe oder für Gottes Gerechtigkeit ganz einzusetzen. Im Alten Testament und im Frühjudentum finden sich daher Wundergeschichten fast ausschließlich bei Propheten, die wie Mose, Elia und Elisa radikal und kompromißlos Gottes Willen fordern. Radikalität und Wunder gehören zusammen. »Radikalität« bezieht sich sowohl auf den jeweiligen Boten Gottes als auch auf den Gehorsam, der ihm entgegengebracht wird.

Wir halten fest: Es hat immer leibliche Konsequenzen, wenn Menschen angesichts radikaler Botschaft zu sich selbst finden. Wunder sind deshalb elementar und gehören zum Christwerden hinzu, weil die Sinn- und Selbstfindung immer eine Art heilsamer Erschütterung sein wird. Die neutestamentlichen »Wunder« vergrößern nur, projizieren nur ins Überproportionale, was jeder Christ als Gesundung durch Selbstfindung erfährt.

Drei Dimensionen des Glaubens

Im Mathematikunterricht an der Schule lernt man etwas über die drei Dimensionen Punkt, Fläche und Raum. Mir scheint, daß sie alle drei in Kirche und Theologie vorkommen oder vorkommen sollten oder wenigstens können, wenn es um das Reden über Gottes Wirklichkeit geht. Jede dieser Dimensionen hat übrigens auch ihre Probleme, die gleichfalls zu nennen sind.

Die gewöhnlichste Weise, darüber zu reden, sehe ich im Bild der Fläche. Denn da werden wie auf einem Blatt Papier Sätze,

Thesen, Lehren und Bekenntnisse entfaltet. Auch das Erzählen von Geschichten gehört dazu. Ich denke also an die Fläche, die ein kürzerer oder längerer Text einnimmt. Auch die Bibel gehört, streng genommen, in diese Dimension. Man kann daran denken, daß die Bibel im Judentum auf Schriftrollen geschrieben wurde. Berühmt ist die große Jesaja-Rolle aus den Funden von Qumran. – Problematisch ist an dieser Sichtweise, wenn man das so sagen darf: Es besteht die Gefahr, daß Menschen die »Offenbarung« und die »Wahrheit« auf diese Fläche beschränken.

Man kann auch auf die Idee kommen, die Botschaft der Bibel in einem Punkt wie in einem Brennpunkt zusammenzufassen. Überall geht es dann um die eine Botschaft, etwa die, daß der Mensch sich nicht selbst erlösen kann, sondern nur von Gott befreit zu werden vermag. Dieser Punkt ist dann wie der Fluchtpunkt, von dem her alle biblischen Texte zu denken sind und in dem sie alle zusammenlaufen. – Problematisch ist an dieser Sichtweise: Wer sagt, daß mit diesem Punkt wirklich das »Evangelium im Evangelium«, die entscheidende eine Botschaft hinter allen Texten gefunden ist? Ich kann das Bemühen gut verstehen, hinter allen Texten zu einem einheitlichen Kern zu finden. Es kann sehr nötig sein, so etwas zu tun, weil man sonst oft den Wald vor lauter Bäumen nicht sieht. Aber eigentlich seriös ist das Unternehmen nicht, denn der Punkt bleibt eine Abstraktion nicht ohne Willkür.

Die dritte Dimension ist die des Körpers oder des Raumes. Da geht es um eine neue Qualität, nicht mehr um Lehren und Wahrheiten, sondern um den Raum der Geschichte.

Nach der Auffassung der Bibel entscheidet sich allein im Bereich des Leibes Wohl und Wehe für den Menschen. Denn Gott beansprucht den Menschen leiblich, indem er sein Handeln fordert. Dem Leib gilt aber auch Gottes Verheißung in der Auferstehung. So ist Gott in Jesus leiblich gegenwärtig und will mit dem Leib verherrlicht werden. – Gerade auch in der Bergpredigt wird der Leib intensiver an Gottes Gebot gebunden, so, wenn Jesus das lüsterne Abtaxieren einer Frau verbietet (Matthäus 5,28) oder wenn er es verbietet, sich zu wehren, was auf die Bereitschaft hinausläuft, physisch zu leiden.

Zugänge zur »Wirklichkeit«

Gibt es wirklich »das« moderne Weltbild?

Anders als die Vertreter des Rationalismus wie des ebenso rationalistischen Fundamentalismus kann ich nicht von einem einheitlichen gegenwärtigen modernen Weltbild sprechen. Vielmehr gibt es Indizien dafür, daß wir tatsächlich insofern ganz offen pluralistisch leben, als wir uns in einem Gegenüber zu mehreren Türen und Zugängen zu unterschiedlichen Wirklichkeiten finden. Um das naheliegende Bild Kafkas aufzugreifen: Das menschliche Leben begreife ich nicht als (vergebliches) Warten vor *einer* Tür, die dann die meine gewesen wäre, sondern als Aufenthalt in einem Raum, von dem aus viele Türen in verschiedene Wirklichkeiten führen. Es kommt darauf an, bei allen wenigstens anzuklopfen.

Verschiedene Arten der Wahrnehmung

Merkwürdigerweise gibt es einen Bereich, in dem auch moderne Volkskirche selbst protestantischer Prägung noch lebendig ist: die Urlauber- und »Kur«-Seelsorge. Wer jedes Jahr zum Beispiel auf den Nordsee-Inseln erleben kann, wie sonntags die Kirchen voll sind und an den Werktagen die Andachten und Vorträge nicht nur gut besucht, sondern auch in langen und intensiven Gesprächen der Feriengäste besprochen werden, wer also sieht, daß nicht nur bei Kirchentagen, sondern auch hier Kirche blüht, der kann sich schon fragen, ob da ein Zusammenhang mit dem Lebensstil besteht. Man kann nicht sagen, daß die Feriengäste nichts täten oder bewegungslos dasäßen. Aber sie leben anders, in Gemeinschaft mit Meer und Wolken, Sand und Wind. Sie leben, wie die Vorfahren lange gelebt haben, nahe an der Erde und unter dem Himmel. Und dann haben sie plötzlich Sinn für »Religion«. Dann können sie die alten Texte der Bibel und ihr eigenes Herz viel leichter zusammenbringen. Dann sind Gebet und Gott kein Problem mehr. Ein wenig Veränderung im Lebensstil kann schon unglaublich viel bewirken.

Könnte das ein Hinweis darauf sein, daß wir nicht immer zuerst *an der Bibel* drehen und schnipseln müssen, sondern daß *wir* uns bewegen müssen, um sie zu verstehen? Wir meinen zumeist, die Bibel mit »Sachkritik« korrigieren und richtigstellen zu müssen. Sie soll dadurch modern werden. Aber vielleicht müßte es umgekehrt sein: Wenn wir den Lebensstil etwas verändern, verstehen wir die Bibel leichter, öffnen sich die starren Einteilungsraster, mit denen wir so gerne zwischen möglich und unmöglich, wirklich und unwirklich unterscheiden. Vielleicht hängt es ja von unserem Lebensstil ab, was wir wahrnehmen. Und falls daran etwas wahr sein sollte, ginge es nicht mehr hauptsächlich um Modernisierung der Texte, sondern um Anfragen an unsere Weise zu leben im ganzen. Auch die moderne Erkenntnistheorie hat dies in ähnlicher Weise schon immer behauptet.

Wir halten fest: Ein paar kleine Beobachtungen legen es nahe zu fragen, ob unsere Weise, Wirklichkeit wahrzunehmen, endgültig festliegt oder ob sie nicht nur einer unter anderen möglichen Zugängen zur ganzen Wirklichkeit ist.

Verschiedene Weltbilder heute

Nun geben die Rationalisten, deren Position wir oben beschrieben haben, gerne zu, daß Menschen im 1. Jahrhundert in Palästina anders erlebt und wahrgenommen haben können. Sie nennen diese Wahrnehmensweise mythisch. Aber sie bezeichnen sie als überholt. Das erst ist der springende Punkt: Sind die Wunder als antike Weisen, Wirklichkeit zu erfahren, wirklich überholt?

Nun können Aufklärung und moderne Naturwissenschaft von niemandem rückgängig gemacht werden. Und nicht nur der Philosoph Ernst Troeltsch hat behauptet, zu den Grundlagen der modernen Geschichtsforschung gehöre der Grundsatz, alle Wirklichkeit sei gleichartig. Das heißt: Man könne als Historiker nur verläßlich argumentieren und wissenschaftlich arbeiten, wenn man die Geltung derselben Naturgesetze überall und zu jeder Zeit voraussetze. Ist alles andere dann nicht Gespensterglaube und »Obskurantismus«?

Dennoch hat Ernst Troeltsch zu kurz gesehen. Denn schon Immanuel Kant, der Erzvater aller modernen Philosophie hatte klar geurteilt: Alle »Naturgesetze«, die wir annehmen, auch die Kausalität, sind nichts als unsere Interpretationen. Die »Wirklichkeit an sich« zu erkennen ist nicht Menschensache. Die Konsequenz ist nicht völliger Relativismus, wohl aber eine neue Bescheidenheit der Wissenschaft, die gerade bei den Spitzenvertretern der Naturwissenschaft des 20. Jahrhunderts, soweit ich sehe, durchaus gegeben ist. Das bedeutet: zugeben können, daß unsere Einschätzung der Wirklichkeit unsere Interpretation ist.

Von daher kann ich es nicht verstehen, wenn ausgerechnet Theologen sich immer wieder zu Anwälten der im Horizont eng begrenzten Physik des 19. Jahrhunderts machen und auf diesem Gebiet weit wissenschaftsgläubiger und viel unvorsichtiger sind als die besseren der Naturwissenschaftler selbst.

Von dem berühmten Neutestamentler Rudolf Bultmann stammt der Satz, daß er nicht gleichzeitig die elektrische Steckdose gebrauchen und an die Himmelfahrt Jesu glauben könne. Eben dieser Satz ist im folgenden zu bestreiten. Denn erstens hat, wie gerade gezeigt, die moderne Naturwissenschaft selbst sich relativiert. Und zweitens gibt es nicht erst heute, wohl aber gerade heute verschiedene Zugänge zu unterschiedlichen Wirklichkeiten oder Wirklichkeitsbereichen nebeneinander.

Beides ist zu unterscheiden: Die moderne Wissenschaft hat schlicht das erkannt, was man unterschiedliche Perspektiven nennt, unter denen der Gegenstand je unterschiedlich erscheint. Das bedeutet: Ich kann meine jeweilige Betrachtungsweise nicht absolutsetzen, vor allem aber nicht sicher sein, jeweils alles oder auch nur das meiste erfaßt zu haben. Das ist das eine und bedeutet eben die besagte Vorsicht und Bescheidenheit.

Das andere ist: Tatsächlich leben wir heute gerade nicht so, daß wir nur naturwissenschaftlich orientiert wären. Neben den rational-technischen Zugängen zur Wirklichkeit gibt es noch immer ganz andere. Von einem dieser Zugänge her lassen sich Brücken bauen zum biblischen Verständnis des Wunders.

Dieser Pluralismus äußert sich ganz schlicht bereits im Terminkalender der Schulkinder, auf komplexeren Ebenen darin, daß Kultur ganz selbstverständlich Multikulturalität bedeutet, schließlich darin, daß wir mit Nicolaus Cusanus nicht nur Gott, sondern auch menschliche Identität als *complexio oppositorum* (Verbindung von Gegensätzen) begreifen. Und gerade so, als unvollendbares Mosaik, habe ich kürzlich versucht, ein offenes Jesusbild vorzustellen.

Diese Pluralität äußert sich auch in der Frage des differenzierten Zugangs zu verschiedenen Bereichen der einen, immer unfaßbarer werdenden Wirklichkeit, also: zu verschiedenen Wirklichkeiten. Auf die Frage der rationalistischen Exegese angewandt heißt das: Neben dem rationalistischen Zugang der historisch-kritischen Exegese aufklärerischer Provenienz gibt es andere, durch sie nicht ausgeschlossene Wege zur Schrift. Das war freilich immer bekannt. Zu wenig beachtet ist indes, daß gerade der Weg, der für die rationalistische Exegese als schlechthin überholt erscheint, noch heute legitim und mit ihm eigener Logik fortbesteht. Gemeint ist der Weg mythischer Wahrnehmung der Wirklichkeit.

Die vier Türen

So ist das Bild der Türen nochmals aufzugreifen: Wir befinden uns wie in einem Haus älterer Bauart: Wer die Etagentür hinter sich gelassen hat, befindet sich in einem kleinen Flur, von dem vier Türen in verschiedene Richtung hin abgehen. Sie führen zu verschiedenen Räumen.

Eine *erste* Tür führt zur wissenschaftlich-technischen Wirklichkeit. Hier gelten Beweis und Experiment. Niemand möchte diese Wirklichkeit missen. Auch die historische Kritik der Bibelexegese gehört dazu. Sie ist Wissenschaft, weil und insofern sie Beweisbares beschreibt. Daß zum Beispiel »Reich Gottes« bei Jesus ähnlich wie im Judentum und anders als im 19. Jahrhundert verstanden wurde, läßt sich beweisen. Insofern ist auch Theologie an Universitäten kein Mißverständnis oder ein Fremdkörper. Denn ein Professor ist kein Prophet oder umgekehrt.

Eine *zweite* Tür führt in die Welt der Weisheit. Dazu gehören Sätze wie dieser, daß Lügen kurze Beine haben oder daß der selbst in die Grube fällt, die er für andere gräbt. Ein großer Teil der Bibel, vor allem des Alten Testaments, ist Weisheit dieser Art. Die biblischen Autoren schreckten nicht davor zurück, umfänglich Weisheit aus ihrer Umwelt einfach zu übernehmen, so im Buch der »Sprüche« aus Ägypten. In der Lebensweisheit des Orients, zu der manche Teile der Bibel zu rechnen sind, schlagen sich Erfahrungen vieler Jahrhunderte wie in Gesteinssedimenten nieder. Unsere moralischen Vorstellungen beruhen zum großen Teil darauf. Denn auch innerhalb der Bibel bestehen enge Beziehungen zwischen den Geboten (und Verboten) und den weisheitlichen Mahnsprüchen. Zweifellos ist dieses eine eigene Wirklichkeit. Bewiesen werden kann hier nichts. Allein lange, weise machende Erfahrung zählt. Sie führt zu »Erfahrungswerten« im doppelten Sinne des Wortes.

Eine *dritte* Tür führt in die Wirklichkeit der Kunst. Hier geht es um Musik, Poesie, Malerei und Skulpturen, aber auch um die Fähigkeit jedes einzelnen, über sein Herz, von seinem Herzen her, eben »von Herzen« so zu sprechen, daß es den anderen erreicht und bewegt. – Eine Sinfonie Beethovens ist nicht »erlogen« oder »unbeweisbar«, sie ist Wirklichkeit besonderer Art im »Reich der Formen«. Von dieser Wirklichkeit gibt es eine Verbindung zum vierten Bereich:

Diese *vierte* Tür führt in die Wirklichkeit des Religiösen oder des Mythischen. »Mythisch« nenne ich eine Erfahrung von Wirklichkeit, insbesondere von Kraft, die nicht nach den Naturgesetzen geregelt ist. Die Grundregel des Mythischen heißt *Konzentration;* es geht um konzentrierte Wirklichkeit, Macht oder Zeit, ähnlich dem, was wir als »Geistesgegenwart« kennen. Nicht nur im Fall der Wunder wirkt diese Wirklichkeit überraschend und überwältigend, und oft kann sie das Herz bewegen.

Hier gelten eigene Regeln und herrscht eine besondere Logik. Denn keineswegs geht es hier einfach »irrational« zu. Diesen Wirklichkeitsbereich wahrzunehmen ist in meiner Sicht für die Zukunft des Christentums als Religion entscheidend. Insofern er auch heute noch zugänglich ist, eröffnet sich von hier aus eine Brücke zum Verstehen der biblischen Wundererzählungen. Wunder sind »mythisch«, weil es in der Dreier-Konstellation Wundertäter – Adressat des Wunders – Gott zu einer staunenswerten Machterfahrung kommt.

Dieses ist im folgenden sorgfältig darzustellen.

Was ist »mythisch«?
Klärung von Mißverständnissen

Der Ausdruck »mythisch« ist recht mißverständlich. Überdies setzt sich jeder, der in der modernen protestantischen Theologie das Wort »mythisch« auch nur in den Mund nimmt, damit gleich mehreren grundlegenden Verdächtigungen aus, die hier vorab zur Sprache zu bringen sind.

Vor allem meinen Vertreter der evangelikalen oder gar der fundamentalistischen Richtungen, etwas »mythisch« zu nennen bedeute, es als unwirklich, *märchenhaft*, phantastisch, idealisierend, unernst und mangels Nüchternheit »erdichtet« zu bezeichnen. Mythisches steht für Phantasiegebilde, illusionäres Theater und lügnerische Übermalung der Wirklichkeit.

Da die Nazis und ihre ideologischen Vorläufer von Mythen weithin Gebrauch gemacht haben, ist die Verbindung von Mythischem und *Faschismus* ganz geläufig.

Zum anderen ist die Meinung weit verbreitet, daß Mythisches nichts weiter als *Irrationalität* bedeute. Denn »das Mythische« gilt als verschwommen, diffus, emotional und eben unkontrollierbar.

Wer biblische Aussagen als »mythisch« bezeichnet, setzt sich aber auch andersherum seit David Friedrich Strauß und Rudolf Bultmann dem Verdacht aus, er halte sie für rundweg unwirklich und *unhistorisch* im Sinne der Moderne.

Außerdem gelten Mythisches und Offenbarung als grundsätzlich entgegengesetzt. Denn Mythisches ist *menschliches Machwerk*, Offenbarung dagegen das Wort Gottes selbst. Bei diesem Argument gibt es eine besondere Verbindung von Mythenkritik und Kultkritik.

Wir halten fest: Mythisches gilt als faschistoid, als irrational, als unwirklich und als Menschenwerk. Man weiß gar nicht, welcher der Vorwürfe am Ende schwerer wiegen soll. Auf jeden Fall aber ist deutlich erkennbar, daß zumindest der moderne Linksprotestantismus, jetzt einmal als Typus genommen, sich wesentlich durch alle vier Vorwürfe von allem Konkurrierenden abgrenzt und geradezu selbst erbaut. Denn nimmt man alle Vorwürfe zusammen, so müssen sie mit ungeheurer Wucht geradezu gotische Strebepfeiler werden in einem Kirchengebäude, das sich in der Substanz ganz wesentlich rationalistisch und moralisch versteht. Denn die beiden Eckpfosten des Antifaschismus und der Opposition gegen religiöse Werkgerechtigkeit, verknüpft durch die Verbindungspfeiler der Aversion gegen idealistische Märchen und emotional Unkontrollierbares, das genau sind die kräftigen und – wir täuschen uns nicht: ganz sicher auch sehr emotionalen – Bausteine der »evangelischen Nüchternheit«.

Ich möchte zu diesen Vorwürfen folgendes sagen:

Mythisches ist nicht faschistisch

Wie alle großen Gegenbewegungen in der Geschichte, so trägt auch der Antifaschismus, wenn er nicht pluralistisch geläutert wird, Züge dessen, was zu bekämpfen er vorgibt. Und weiter: Daß die Nazis Mythen entwendet und damit Menschen verführt haben, spricht nicht gegen die Mythen, sondern für die Geschicklichkeit der Nazis im Umgang mit Medien. Ist es nicht vielmehr so, daß die totale Propaganda der Nazis die erste konsequente Manipulation durch Medien und damit in Wahrheit die pompöse Einleitung des Zeitalters ist, in dem wir alle noch ganz und gar darinstehen? Wurde hier nicht zum ersten Male vorexerziert, was uns täglich umgibt? Nein, Mißbrauch kann den rechten Gebrauch nicht aus der Welt schaffen. Wer sich der Wirklichkeit des Mythischen, besonders in der Reklame vorgemacht, verschließt, muß schon auf beiden Augen blind sein. Die Rundfunkbeauftragten der Sendeanstalten wissen ein Lied davon zu singen, daß sich Theologen gegenüber den Medien in der Regel verhalten wie Nichtschwimmer, die vom Drei-Meter-Turm springen sollen.

Mythisches ist nicht irrational

Die moderne Erforschung des Phänomens des Mythischen (zum Beispiel Hans Blumenberg; Kurt Hübner) hat neben einer Menge an Kritikwürdigem doch dieses Richtige erbracht: Beim Mythischen geht es nicht um schier Irrationales, sondern um eine eigene Art von Logik und, wenn man so will, auch Rationalität. Sie ist nur von der naturwissenschaftlich-technischen meilenweit entfernt, da sie nicht dem Prinzip der Kausalität folgt. Es handelt sich um einen Denkstil, der phänomenologisch zu erheben ist, das heißt: mit einer Methodik, die den Gegenstand aufs äußerste schont und die eben als »schonendes Prüfverfahren« gelten muß.
Ich werde im folgenden Abschnitt Beispiele für diese mythischen Denkformen nennen.

Ferner: Wer Inhalte mythischer Aussagen *unwirklich* nennt, hat damit buchstäblich nur die halbe Wahrheit im Blick. Denn für mythisches Wahrnehmen ist nicht nur möglicherweise, sondern sicher *anderes wirklich* als für uns. Damit stoßen wir auf eine Barriere, die uns zumindest zur Vorsicht mahnen sollte, wenn es um den Wirklichkeitscharakter mythischer Aussagen geht.

Wenn Wirklichkeit anders erfahren und gedacht wird als bei uns, eben nicht durch Kausalität oder durch Experiment verifizierbar, dann müssen wir uns davor hüten, von uns aus zu erklären, was damals wirklich gewesen sein darf oder nicht.

Mythisches hat nichts mit Werkgerechtigkeit zu tun

Ich kann nicht finden, daß zwischen Mythischem und Offenbarung ein Gegensatz besteht, der sich auf dieser Ebene, nämlich durch offenkundig mißbräuchliche Inanspruchnahme paulinischer Kategorien (»Werke des Gesetzes«), erklären ließe. Als Menschenwerk ist mythische Rede nicht zu treffen. Vielmehr muß man umgekehrt fragen, ob und wieweit gerade die Kategorie Offenbarung selbst nur unter mythischen Voraussetzungen denkbar ist. Wer zudem die Rechtfertigungslehre zur Waffe gegen das Kultische macht, sägt den Ast ab, auf dem er selbst sitzt. Ohnehin tut man Paulus sicher keinen Gefallen, wenn man seine Rechtfertigungslehre über jede Verhältnismäßigkeit und über jedes Maß hinaus zum Generalschlüssel jeder christlichen Abgrenzung gerinnen läßt. Denn am Ende macht man Paulus so nur lächerlich.

Mythisches bedeutet nicht Triumphalismus

Ein wichtiger klassischer Einwand gegen die positive Wertung mythischer biblischer Erfahrung betrifft den Gegensatz von »Theologie der Herrlichkeit« *(theologia gloriae)* und »Kreuzestheologie« *(theologia crucis)*. Denn man sagt: Mythische Erfahrung betreffe im wesentlichen Herrlichkeitstheologie, mythische Machterfahrung. Und »Theologie der Herrlichkeit« ist in dieser Weltzeit grundsätzlich verdächtig, oft wird sie mit der »triumphierenden Kirche« in einem Atemzug genannt. Eine der Konsequenzen, die man aus der Dominanz der Kreuzestheologie gezogen hat, war denn auch die Auffassung vom ohnmächtigen christlichen Gott.

Gegenüber dem Einwand, schon allein aufgrund unserer Orientierung am Kreuz habe eine positive Wertung mythischer Erfahrung keine Chance, ist folgendes zu sagen:

Es gibt leider eine bis zur Fadenscheinigkeit durchsichtige Verbindung zwischen Rationalismus und Kreuzestheologie. Sie konnte deshalb zustande kommen, weil die pure Betrachtung von Leiden und Armseligkeit in der Tat nichts weiter verlangt als die bloße Vernunft. Und auch sofern es sich um »Mitleiden« und »Ergriffenwerden« handeln sollte, so ist dieses doch vom mythischen Denken weit entfernt. Anders gesagt: Die Leidenstheologie ist auch deshalb nicht nur wichtig geworden, sondern auch gegen »Ostern« oft systematisch abgedichtet und isoliert worden, weil sie für sich genommen keinerlei besonderen Sinn für wunderbare Geschehnisse erfordert.

»Kreuzestheologie« war und ist in der Bibelauslegung daher oft ein Schleichweg, um der unangenehmen oder zumindest problematischen Herausforderung durch die für die modernen Menschen nicht faßbaren mythischen Erzählungen zu entgehen. Man kann das deutlich an der Diskussion über »Wunder« in den Evangelien nach Markus und Johannes verfolgen.

Vom Standpunkt des Bibelauslegers her gesehen ist der Gegensatz zwischen Kreuzes- und Herrlichkeitstheologie eher eine systematische Konzeption, von der man wohl ausgehen darf als einer Möglichkeit zu fragen, die aber vielleicht am Ende doch recht zweifelhaften Wert hat. Aber jede wie auch immer geartete biblische Kreuzestheologie ist nicht ohne mythische Denkformen möglich. Das reicht von der Stellvertretung vor Gott bis hin zum Abgewaschenwerden durch Jesu Blut.

Festzuhalten bleibt: Eine in sich selbst bereits verkümmerte Kreuzestheologie war ein Fluchtweg, auf dem man vermeiden wollte, sich auf die mythischen Erfahrungen einzulassen. Ich halte diesen Fluchtweg für nicht erlaubt. Schon Ernst Käsemann hatte auf die Bedeutung der Charismen als Korrektiv für eine zur Ideologie erstarrte Kreuzestheologie hingewiesen. Ich kann ihm als Neutestamentler nur zustimmen In diesen staunenswerten charismatischen Erfahrungen, zu denen auch Wundertun gehörte, war für die frühen Christen ein Stück des Himmels Wirklichkeit auf Erden, freilich nicht als Vorwegnahme, sondern als hoffnungsvoller und zu bewährender Anfang.

Unser Mangel darf nicht der Maßstab für Christliches überhaupt sein. Vor lauter Kreuzestheologie sind wir oft noch nicht einmal zu einer sachgemäßen Auslegung der Adressatenangabe der Paulusbriefe in der Lage, denn sie richtet sich überall an die »Heiligen und Auserwählten«.

Man könnte sogar so weit gehen und sagen: Nicht nur Macht, auch Abwesenheit von Macht ist ein Thema mythischer Erfahrung.

Wie öfter im Bereich der geistigen Orientierung des Menschen, so gibt es auch im Bereich des Mythischen *gute und schlechte Ausprägungen.* Zwischen beiden gibt es einen Kampf. Daher hat man vom »Kampf um den besseren Mythos« gesprochen.

Mythische Erfahrung heute

Unbestritten ist, wie gesagt, auch bei Rationalisten, daß Menschen im Adressatenkreis des Neuen Testament mythisch dachten und daß also die sogenannten Wunder und auch die Auferstehung Toter für sie keine Probleme darstellten. Fraglich ist nur, wie man heute mit diesen Aussagen verfahren soll.

Meines Erachtens ist dieses Problem dadurch zu lösen, daß

man im Rahmen der oben gezeigten Pluralität von Zugängen zur Wirklichkeit *auch heute* eine mythische Tür und einen mythischen Weg ausmachen kann. Wenn das gelingt, dann ist eine Brücke zu den neutestamentlichen Aussagen geschlagen. Mir geht es dabei weder um ungeschichtliche Betrachtungsweise, als ließen sich so zweitausend Jahre mühelos überspringen, noch um neue »anthropologische Konstanten« im Sinne gleichbleibender Eigenarten unserer Seele. Beides weise ich entschieden ab.

Es geht nur um Erfahrungsweisen, die gewisse Ähnlichkeiten zum frühchristlichen mythischen Denken haben und die von daher am ehesten die Funktion von Dolmetschern einnehmen können, mehr aber auch nicht. Allerdings meine ich: Das Fortleben mythischer Erfahrungsweisen heute ermöglicht eine Annäherung an die biblischen Aussagen. *Damit wird aus meiner Sicht jede Behauptung, diese seien für uns »erledigt«, unmöglich.*

Mir geht es nicht darum, für die lediglich »fremdartigen« Aussagen des Neuen Testaments die Werbetrommel zu rühren, als sei das Exotische daran irgendwie interessant oder als solches schon theologisch wichtig. Vielmehr kommt es darauf an, das Fremdartige in den eigenen Lebensvollzügen zu entdecken, und zwar als wichtig und wesentlich, und von dort aus Brücken zu den biblischen Texten zu bauen, besser gesagt: zu finden.

Wenn man mythische Wahrnehmungen heute ermittelt, dann sind nicht faschistische Ideologien, sondern alltägliche Vollzüge gemeint. Generell gilt dabei, daß hier sehr viel vom Lebensstil abhängt, wie oben angedeutet wurde.

Nach meinen Beobachtungen lassen sich mythisch zu nennende Wahrnehmungen in folgenden Fällen feststellen. Ich nenne sie »Arten mythischer Erfahrung heute«.

Mythische Zeiterfahrung

Nach dem jüdischen Targum, der aramäischen Bibelübersetzung zu 2 Mose 12,42 gibt es vier Nächte: die Nacht der Erschaffung des Lichts, die des Bundes mit Abraham, die Passahnacht und die Nacht der Ankunft des Messias. Diese Nächte sind eins in der Passahnacht. – Die christliche Liturgie der Osternacht nimmt dies auf: Die Schöpfungsgeschichte wird gelesen, die Osterkerze steht für die Wolkensäule der Passahnacht, die Nacht der Auferstehung Jesu wird gefeiert, und auch der Wiederkunft des Messias wird gedacht (»Ihre Flammen mögen werden zum Ort der Erscheinung jenes Morgensterns, der keinen Untergang kennt...«, was an den Morgenstern in Offenbarung 22,16 erinnert und mit der morgendlichen Sonne der Gerechtigkeit ineins gesetzt wird).

Mythische Zeiterfahrung bedeutet Konzentration, Überlagerung getrennter Ereignissen in einer einzigen Zeit, eben der des Feierns.

Wenn wir zu Weihnachten singen: »Heute ist der Heiland geboren«, dann ist das, rational gesehen, falsch. Und daß der 25. Dezember der Geburtstag Jesu sein könnte, ist höchst unsicher. Dennoch versetzt uns dieser Tag in Festfreude.

Die Tatsache freilich, daß die hohe Theologie das Weihnachtsfest noch immer als »Kinderkram« verachtet, zeigt, daß man dieser mythischen Festfreude zutiefst mißtraut. Und doch ist Weihnachten das einzige christlich-kirchliche Fest, das wirklich überlebt hat, mit allem Menschlichen und Göttlichen, das eben zu solch einem Fest gehört. Exemplarisch kann man an der theologischen Einstufung und Wertung des Weihnachtsfestes das verkrachte Verhältnis moderner Theologie zum Bereich des Mythischen studieren.

Jede besondere Betonung des Heute ist mythische Zeiterfahrung. Hierher gehört auch das Erinnern, das biblische Erinnern, das immer Anteilhabe an dem Erinnerten in der Gegenwart bedeutet, Überwindung des chronologisch-technisch meßbaren Zeitabstands. Nicht erst bei Wundern, schon im schlichten biblischen Erinnern gibt es einen Konflikt zwischen technischem und mythischem Denken. Wenn das Abendmahl »zur Erinnerung« an Jesus gefeiert wird, dann ist das mehr als nur frommes Denken an Jesus. Biblische Erinnerung ist eine Art von Gegenwart dessen, woran man denkt. Biblische Erinnerung stiftet schon von sich aus die »Zeit des Festes«.

Das Fest als Inbegriff mythischer Zeiterfahrung lenkt unseren Blick auch auf eine soziologische Dimension mythischen Denkens: auf die Großfamilie, auf die je größere Gemeinschaft. Wir erinnern uns: Sprengung der Familiengrenzen ist auch ein Thema der Botschaft Jesu.

Zur mythischen Zeiterfahrung gehört aber auch die besondere Auszeichnung von Anfang und Ende (zum Beispiel des Lebens, auch des öffentlichen Lebens). So erwartete man vom frisch gekrönten Kaiser Wundertaten; so soll man sich, um den Primizsegen, den ersten Segen des neugeweihten Priesters, zu empfangen, die »Schuhsohlen ablaufen«; der Sterbende wiederum hat eine besondere Segensvollmacht, mit der er die Zurückbleibenden segnet; daher kommt der Ausdruck »das Zeitliche segnen«. Die »Kraft« ist am Anfang und am Ende konzentriert.

Die mythische Bedeutung von Anfang und Ende zeigt sich bis heute in der Wertschätzung der sogenannten Kasualien (Taufe und Eheschließung als Anfangshandlungen, aber auch Segnung der Mutter nach der Geburt eines Kindes – Begleitung des Sterbenden und Begräbnis). Die Gegenwart des Heiligen wird an diesen Stationen auch heute noch wahrgenommen.

Mythisches Sprechen

Es gibt neben dem Sprechen, mit dem etwas mitgeteilt wird, auch ein Sprechen, mit dem gehandelt wird. Wenn am Ende eines Gottesdienstes die Gemeinde gesegnet wird, dann vollzieht sich die Segenshandlung durch das Aussprechen der Segensformel. (Nur in den achtundsechziger Jahren gab es aufgeklärte Vikare, die sich weigerten zu segnen, da es sich, wie sie sagten, um »Aberglauben« handle. Sie hatten wenigstens das Problem erfaßt.) Ein anderes Beispiel ist die feierliche Eröffnung eines Festes, wenn es heißt: »Hiermit erkläre ich die Olympischen Spiele für eröffnet!« Dieses handelnde Sprechen unterscheidet sich vom mitteilenden Sprechen und wird »performativ« genannt. Wir finden es auch im Schöpfungshandeln Gottes (»Es werde Licht!«).

Ähnlich verhält es sich beim Singen und Beten, aber auch bei einigen Zeichenhandlungen wie Handauflegen oder Salben, die heute wiederentdeckt werden. Sie enthalten immer mehr, als eine nur rationalistische Deutung zeigen kann. Denn wer kann beweisen, daß der geheimnisvolle Gott sich den Menschen zuwenden will? Genau dies aber geschieht nach mythischem Verständnis in diesem wirkenden Wort und Zeichen.

Mythische Ortserfahrung

In der Ikone der Ostkirche, die man küßt und mit Weihrauch ehrt, ist der Herr (oder die/der abgebildete Heilige) gegenwärtig. Und bei uns im Westen haben wir, ganz grob gesehen, ein nicht unähnliches Verständnis von der Gegenwart Jesu in Brot und Wein, den Elementen des Abendmahls.

Vielleicht kann man von daher auch Aussagen über Jesus (Christologie) im Rahmen jüdischer Denktraditionen verstehen: Jesus könnte man begreifen als Ort der Anwesenheit Gottes, ähnlich wie im Tempel, nur hier endgültig und in einer Person, in der mythischen Überwindung des Gegensatzes, der Kluft zwischen Geber und Gabe.

Zum mythischen Ortsverständnis gehört es auch, wenn jemandem der Ort, an dem er getauft oder konfirmiert wurde, an dem er die Ehe geschlossen hat, »heilig« ist.

Andererseits gehört zur mythischen Wahrnehmung des Raumes, daß Gott sowohl in der ganzen Welt präsent sein kann wie auch in besonderer Weise an einem Ort.

Mythische Ordnungserfahrung

Die Offenbarung des Johannes wagt es, die Endereignisse nach dem Siebener- und Dreier- Schema zu ordnen. Das Kirchenjahr ist eine Ordnung, die sich zyklisch wiederholt – oft ein Graus für die reine Lehre dialektischer Theologie. Und ebenso grauslich ist für noch mehr Protestanten die Ordnung des Gebets nach Tageszeiten. – Was ist hier der ursprüngliche Sinn?

Mythische Ordnungserfahrung wird in der Regel als Knebelung und Vergesetzlichung des göttlichen Bereichs verstanden. Jedoch: Kann Ordnungserfahrung nicht auch eine kritische Rolle spielen?

Zu mythischer Ordnungserfahrung gehört auch das Verbot des Handelns im Tabu-Bereich. Und wir erleben, daß sich hier die Menschheit gar nicht so schnell ändert. Denn genau im sexuellen Bereich, dem Ort der Entstehung des Lebens, gab es alte Tabus und gibt es jede Menge neue. Das Kampfgeschehen zwischen alten und neuen Tabus kennzeichnet das problematische Feld christlicher Ehemoral. Daher die Verbissenheit, weil es um Heiligtümer geht.

Mythische Personalität

Wenn Juden am Freitagabend den Beginn des Sabbats feiern, drehen sie sich im entscheidenden Moment zur Tür hin. Denn der Sabbat, der auf der Schwelle stand, hält seinen Einzug. Wie eine Königin, wie Gottes Tochter, von Gott mit reichem Gefolge ausgesandt, stellt man sich den Sabbat vor. Mythische Erfahrung ist mit Personifikationen großzügiger als wir. Wer das nicht beachtet, wird nie begreifen können, warum Dämonen, warum auch der Heilige Geist als Person aufgefaßt wird.

Wenn Wirbelstürme noch heute mit Namen genannt werden, nur sie, nicht der neuerliche Schneefall, liegt darin ein Rest mythischen Weltbegreifens. Auch dort, wo es sich um Metaphern handelt, liegen wie in einem Brennpunkt gesammelte Erfahrungen dem Vorgang des Metaphernbildens zugrunde.

Im Januar 1996 zitierte DIE ZEIT einen Auszug aus der Rede des israelischen Staatspräsidenten Ezer Weizman vor dem Bonner Parlament. Weizman hatte gesagt:

»Ich war ein Sklave in Ägypten und empfing die Thora am Berge Sinai, und zusammen mit Josua und Elija überschritt ich den Jordan. Mit König David zog ich in Jerusalem ein, und mit Zedekia wurde ich von dort ins Exil geführt... Ich habe meine Familie in Kischinev verloren und bin in Treblinka verbrannt worden. Ich habe im Warschauer Aufstand gekämpft und bin nach Erez Israel gegangen, in mein Land, aus dem ich ins Exil geführt worden war, in dem ich geboren wurde, aus dem ich komme und in das ich zurückkehren werde...«

Und über die hebräische Sprache: »Wir, die wir uns aus der Asche erhoben haben, und unsere Sprache, die in den Leichentüchern und Thorarollen und zwischen den Seiten der Gebetbücher gewartet hat, leben. Die Sprache, die nur im Gebet geflüstert, nur in Synagogen gelesen und nur in religiösen Texten gesungen, die Sprache, die in den Gaskammern, im Gebet ›Schema Jisrael‹ geschrien wurde, sie ist zu neuem Leben erwacht.«

Das nenne ich »mythische Personalität«. Denn jeder weiß, daß Weizman nicht zur Zeit Moses und Davids gelebt hat und nicht in Treblinka verbrannt wurde. Doch alle anderen Juden sind wie gegenwärtig in ihm. Das ist nicht rational im Sinne des technischen Weltbildes zu begreifen – aber doch auch nicht dumm, rückständig oder erlogen. Es liegt eine eigene Art von Logik und Folgerichtigkeit im mythischen Denken. (Auch wenn Jesus sagt: »Ehe Abraham ward, bin ich«, liegt Vergleichbares vor.)

Mythisches Schweigen

Das Schweigen (zum Beispiel beim Eintreten in den Raum, in dem ein Toter liegt) teilt eine wichtige Spielregel anderer mythischer Verhaltensformen, nämlich das Prinzip der Unterbrechung. Wo die Normalität unterbrochen wird – beim Schweigen wird das normale Reden beendet –, geschieht dies im Zeichen höchster Konzentration, wobei zwischen subjektiver Konzentriertheit und vermeintlich objektiver Konzentration (feierlicher Augenblick; Gegenwart von etwas, das wie durch Schweigen zu schützen oder zu achten ist) nicht unterschieden wird.

Gemeinsamkeiten
der verschiedenen mythischen Erfahrungen

Wir fragen: Kann man für die verschiedenen hier genannten Formen heute noch gegenwärtigen mythischen Wahrnehmens einen gemeinsamen Nenner finden und dann von dort aus Brücken zum Wunder schlagen?
Gemeinsam ist ihnen, daß der gleichmäßige Fluß des Geschehens unterbrochen wird. Es ist auch nicht mehr alles, was wirklich ist, gleich weit entfernt von Gott; es gibt Wirklichkeit (Personen oder Dinge), die ihm nahe ist, und solche, die weit entfernt ist von ihm. Räumliche und zeitliche Differenzen werden aufgehoben, und es kommt zu einer Verdichtung, zu einer Konzentration von Wirklichkeit, die die Bibel »Heiligkeit« nennt. – Beim mythischen Sprechen tritt die geballte Kraft des Schöpfungswortes zutage, so etwa bei den Wunder wirkenden Machtworten Jesu. Beim Segnen wird der Unterschied zwischen bloßem Meinen (Gedanke) und Faktum aufgehoben. – Bei der mythischen Zeiterfahrung im Fest wird die Differenz zwischen dem Ur-Geschehen und dem Gedenken räumlich und zeitlich aufgehoben, beide werden »in einem versammelt«. – Bei der mythischen Personalität sind verschiedene Personen in einer einzigen gegenwärtig. – Bei der mythischen Raumerfahrung wird ein Ort (oder Gegenstand) durch die Vergegenwärtigung eines sonst Abwesenden zum »heiligen« Ort. – In der mythischen Ordnungserfahrung schließlich werden die unterschiedlichen Regeln für die ein-

zelnen Stationen des Zyklus als komplementäre, sich gegenseitig ergänzende Einheit erfahren.

Mythische Erfahrungen sind also nicht einfach irrational, sondern folgen einer eigenen Logik.

Konsequenzen für die Wunder

Die Brücke zum Neuen Testament, zu den Wundern Jesu, zu seiner Entstehung durch den Heiligen Geist und seiner Auferweckung, zum Glauben, der Berge versetzt und seinen Träger gesund macht, liegt in folgendem:

Machtworte: Immer wieder geht es im Neuen Testament um Anteilhabe an der Schöpfermacht Gottes; daher wird Jesus, der Träger des vollmächtigen Wortes, Schöpfungsmittler genannt. Anknüpfungspunkt sind daher »performative« Worthandlungen, wie sie auch heute noch geschehen und erfahren werden, zum Beispiel beim Segen.

Die Kraft des Liedes: Beim Lied und bei verwandten Arten liturgischer Dramatik (zum Beispiel Sprechchor) geht es um eine mythische Einheitserfahrung, die den Schlüssel liefert zum Verständnis des schlechthin wunderhaften Charakters von Einheit unter Menschen und mit Gott im Neuen Testament. – Zum Lied ist etwas Besonderes zu sagen. Die Kirchenväter sind (wie schon die Hymnendichter von Qumran) der Ansicht, das Lied schmiede als begrenzte und streng gegliederte Einheit von Rhythmus, Melodie und Inhalt die Gemeinde so eng zusammen, daß sie als singende Gemeinde unbesiegbar sei und die bösen Geister keinen Einlaß hätten. Indem die Gemeinde mit einer Stimme mit den Engeln gemeinsam ein einziges Lied singt, schafft und ist sie ein Bollwerk gegen die Mächte der Finsternis. Hier wird eine einzigartige wundertätige Bedeutung des Liedes erkannt, die freilich in diesem Zusammenhang für die singende Gemeinde gilt. Ein Abglanz davon ist auch heute noch Musiktherapie, bei der es gleichfalls darum geht, Zerstörerisches abzuwenden. Hier ist der Ansatz allerdings im wesentlichen auf das Individuum übertragen.

Diese »bannende«, weil integrierende Kraft des Liedes macht darauf aufmerksam, daß »Einssein« und »Einheit untereinander haben« nach dem Neuen Testament eine schlechthin wundertätige Kraft ist. Denn wenn man einander vergeben hat, oder wenn man eins ist miteinander, dann kann man Bäume und Berge versetzen. Dasselbe gilt, wenn man im Glauben eins ist mit Gott.

Fest-Zeit: Mythische Zeiterfahrung beim »Fest« und bei der »Erinnerung« ist praktisch noch jedem zugänglich. – Das hilft zum Verständnis der apokalyptischen Zukunftsaussagen Jesu. Denn sie sind nicht als Weissagungen über irgend etwas Zukünftiges zu betrachten. Was da als Gericht oder als »künftiges Jerusalem« angekündigt wird, ist nicht einfach mit alltäglichen Tatsachen zu verrechnen oder in sie einzubeziehen. Es geht um die gleiche Art von Tatsachen wie bei den Wundern. Von daher kann auch anläßlich der Auferweckung des Lazarus von Jesus als der »Auferstehung« schlechthin geredet werden. Natürlich: Zukunftsaussagen beziehen sich auch immer auf etwas, das jetzt auf dem Spiel steht. Aber das ist noch nicht alles.

Denn wenn Jesu Aussagen über das, was kommt, im ganzen mythisch zu begreifen sind, sollte man bei der Auslegung eher das Tun des Apokalyptikers nachahmen: Macht entlarven, Konsequenzen aufdecken, Verschleiertes enthüllen, an Gott appellieren angesichts der Opfer von Unrecht und schließlich Geschichte deuten als Geschehen im Gegenüber zu Gott.

Zeit des Anfangs und des Endes: Anfang und Ende des Lebens Jesu sind durch Wunder gekennzeichnet. Die Empfängnis durch den Heiligen Geist hat ihre Entsprechung in der (nach manchen Zeugnissen durch denselben Heiligen Geist gewirkten) Auferstehung. Die oben dargestellte mythische Entsprechung und Bedeutung von Anfang und Ende findet darin ihren Ausdruck.

Gerade für diese Texte kann man gut darstellen, wieweit heutige mythische Erfahrungen eine Brücke bilden: So wie Gott in mythischem Geschehen Wirklichkeit (und Macht) »gerinnen« und sich verdichten läßt, so ist bei und in Jesus Gottes eigenste Wirklichkeit konzentriert. Gott ist eben nicht nur »überall«, sondern in unüberbietbarer Weise »mit« und in Jesus. Das ist mythische Wahrnehmung.

Ortserfahrung: Paulus kann durch die Kraft des Heiligen Geistes die Ortsdifferenz zwischen Ephesus und Korinth überbrücken, so daß er seine Kraft der Verfluchung mit der der Korinther vereint (1 Korinther 5,3–5). Und die intensive Geisterfahrung des Philippus läßt für ihn die örtliche Entfernung in ein Nichts zusammenschrumpfen (Apostelgeschichte 8,39f; vgl. dazu unten S. 98).

Wir halten fest: Offenbarung erreicht uns in wesentlichen Teilen *als mythische Rede.* Das Unternehmen Rudolf Bultmanns, diese Mythen anthropologisch zu interpretieren, sie auf ihren Kern zu durchstoßen, verdient Respekt, ist aber mangels Kriterien, nach denen man diesen Kern zuverlässig vom Umgebenden trennen könnte, gescheitert. Ich versuchte statt dessen, Brücken zu moderner mythischer Erfahrung zu bauen.

Doch nun kann man fragen: Was ist praktisch zu tun, wenn diese mythische Erfahrung nicht zugänglich oder nicht bewußt ist?

Zur Vermittlung mythischer Erfahrung

Nicht von oben nach unten: Es ist wahr, daß es sich bei mythischen Erfahrungen um eine Art Macht oder Mächtigkeit handelt. Doch wer annehmen wollte, diese Macht sei auf dem Befehlswege zu vermitteln, irrt. Am Beispiel der Vollmacht Jesu kann man sehen, wie charismatische Macht in Konflikt mit aller etablierten Macht gerät, ja sich überhaupt als Konflikt versteht. Und ebenso ist es mit allen Visionären und

Wundertätern der Kirchengeschichte. Sie wachsen auf im Konflikt mit gegebener Autorität. Man könnte es ein katholisches Dilemma nennen, daß sich mythische Erfahrung nicht kirchenrechtlich erzwingen läßt. Man könnte, sage ich, denn es geht nur strukturell um ein katholisches Problem, in Wirklichkeit um eines aller verfaßten Kirchen.

Wir halten fest: Mythische Erfahrung ist gefährlich und stellt sich von unten her ein. Sie ist irritierend für jede Autorität. Und das in der Gegenwart bestimmende Auftrumpfen des Rationalismus über mythisches Denken ist zu begreifen als eine Reaktion der in der Kirche Herrschenden, aufgeklärter Absolutisten, gegen die latente Verunsicherung durch eine unfaßbare Wirklichkeit.

Einander Zusprechen: Nicht durch Vorschriften von oben nach unten, sondern dadurch wird mythische Erfahrung wahrhaft lebendig, daß man sie *einander zuspricht.* Auch im Lied trägt man mythische Erfahrung einander vor, ähnlich beim Sprechen des Glaubensbekenntnisses. Besonders deutlich wird das jedoch im antiphonischen Gesang, den schon die Offenbarung des Johannes für die himmlische Liturgie kennt: Ein Chor singt dem anderen die Heilstaten Gottes vor. Und die byzantinische Weise, Ostern zu feiern, kulminiert in dem Gruß (»Christus ist auferstanden«) und dem Gegengruß (»Er ist wahrhaft auferstanden«). Von daher möchte ich jenen Systematikern zustimmen, die den Ursprung der Dogmatik im liturgischen Lobpreis sehen.

Nicht nur predigen: Die Auslegung von Wundergeschichten in modernen Predigten ist in unseren Breiten oft ein großes Problem. Geradezu erschreckend sind moralische Auslegungen, die Jesu Auferweckung Toter oder Gelähmter in Appelle zum »aufrechten Gang« umdeuten. – Kann die Auslegung solcher Berichte nicht auch durch Zeichen und Segenshandlungen, zum Beispiel durch Handauflegung oder Salbung, geschehen?

Bildwirklichkeit und Durchkreuzung: Ein Bild unterbricht stets eine Lebenswirklichkeit. Ein Bild an der Wand ist stets ein Stück Fremdes. Bilder haben einen Rahmen oder, als Geschichten, Anfang und Ende. Mythische Wirklichkeit ist, so die Konsequenz für praktische Theologie, nur als ausgegrenztes, in sich begrenztes Bild zu vermitteln. Entscheidend ist die geschlossene Form. – Die Oster- und Weltgerichtsspiele des Mittelalters und des Barock sind in sich geschlossene Dramen, die uralte Ostersequenz der mittelalterlichen Osterliturgie (»Tod und Leben kämpften gar seltsamen Zweikampf...«) ist ein Mini-Drama mit Zeuginnen-Befragung. Die Abgrenzungen des Bildes ermöglichen es dem Bild geradezu, ein Stück anderer Wirklichkeit darzustellen. – So ist auch der Sonntag aus den anderen Tagen als sichtbares Zeichen dafür ausgegrenzt, wozu alle Tage da sind, und ebenso sind der Tempel und das Gotteshaus »Freiräume« inmitten der anderen Häuser. Und ebenso ist Erwählung eine mythische Kategorie. – Mythische Wirklichkeit durchkreuzt daher, im Bild vermittelt, unseren Alltag. Diese Durchkreuzung ist voller Spannung. Und sie hat am Ende auch etwas mit der Wirklichkeit des Kreuzes Jesu zu tun.

Mythische Liebe und Wunder: Lassen Sie mich am Ende etwas von mythischer, paradiesischer Liebe sagen. Sie ist radikal unvernünftig und grenzenlos. Jesus begegnet ihr in der Gestalt zweier »verrückter« Frauen: Die eine salbt ihn für (umgerechnet) zwanzigtausend Mark, die andere opfert ihre ganze Witwenrente. Jesus lobt beide. Alles wird im Handeln auf den einen Punkt des Loslassens konzentriert. Darin ist diese Liebe mythisch. Wahnsinn, müßten wir sagen. Aber so ist Religion. Sozialethik ist deutlich etwas ganz anderes.
Wer liebt, erfährt die Durchbrechung aller regelhaften und gewöhnlichen Wirklichkeit durch ein staunenswertes Geschehen. Insofern sind Liebe und Wunder verwandt. Sie kommen aus derselben Wurzel: aus einem als »überreich« erfahrenen Wunsch Gottes, mit den Menschen gemeinsam zu leben.

Offene Fragen

Man kann *erstens* fragen: Steht nicht das entwickelte mythische Verständnis von Wirklichkeit auf wackeligen Beinen? Wird man da nicht allzu leicht zerrieben zwischen den Positionen, die ein Geschehen entweder als »harte Wirklichkeit« oder als »nur gedacht« einstufen? Gibt es wirklich ein Drittes?

Antwort: Die skizzierte Wirklichkeit ist am Ende nichts Geringeres als die Wirklichkeit Gottes selbst. Alle Aussagen über mythische Erfahrungen sind im Sinne der Bibel Erfahrungen mit Gott. Anders gesagt: Die Bibel erlaubt es, diese Erfahrungen ineins zu sehen.

Es gibt auch außerhalb der Bibel mythische Erfahrungen. Die »Offenbarung« der Bibel macht es möglich, zwischen ihnen einen sinnvollen Zusammenhang zu sehen und sie auf das Heil der Menschen hin zu verstehen.

Man kann *zweitens* fragen: Was hat das alles mit Jesus, mit dem Jesus der Evangelien zu tun?

Antwort: Nach unserer Skizze besteht mythische Erfahrung darin, daß Gott als der Schöpfer und der Herr die Wirklichkeit zusammenklumpen kann wie Knetmasse, so daß die konzentrierte Wirklichkeit entsteht, die in mythischer Erfahrung wahrgenommen wird. Wenn Wirklichkeit wie ein Stück Ton in Gottes Hand ist, bei dem er Entfernungen, Abstände und Unterschiede aufheben kann, dann weisen mythische Erfahrungen eben auf diesen Gott der Bibel. Nur der Schöpfer besitzt diese spielerische Freiheit gegenüber allen üblichen Bahnen und Schienen der Wirklichkeit.

Wegen dieses spielerischen Elements sind auch im Umkreis der Bibel Aussagen wie die erlaubt, daß um eines einzelnen Gerechten willen die ganze Welt erschaffen worden sei. Ich habe immer voll Verwunderung Sätze wie diesen gelesen: »Gott hat wegen Jakobus (oder eines anderen Gerechten) die ganze Welt geschaffen« (Thomas-Evangelium, 13). So, als stünde wegen Gottes Vorliebe für diesen Erwählten alles übrige, Raum und Zeit und Materie, einfach zur Disposition wie ein Tischtennisball in Gottes Hand. Die ganze Welt ist gleichsam ganz »leicht« für Gott. Das, was wir für schwer und endgültig halten, ist nur Spielmaterial für seine Freiheit. Was wir an der Welt für »wirklich« und »ernst« nehmen, sind für Gott bewegliche Kulissen. Ernst, wertvoll und wichtig ist für Gott nur der eine geliebte oder erwählte Mensch. Alles andere ist höchst relativ angesichts des Verhältnisses Gottes zu diesem einen.

Gerade so und mit derselben Freiheit hat Gott Wirklichkeit und Macht in Jesus konzentriert. Das gilt besonders für die entscheidenden Phasen von Geburt und Tod.

Man kann *drittens* fragen: Ist nicht der Grat zum Fundamentalismus hin allzu schmal?
Antwort: So wird man urteilen, wenn man alle Lösungen, die nicht dem Modell Rudolf Bultmanns folgen, in die Ecke des Fundamentalismus schieben möchte. – Nach dem Modell Bultmanns gilt: Mythische Redeweise ist unsachgemäßes Reden von Gott; Wunder sind nur »Mirakel«. Nach unserem Ansatz ist mythische Denkweise nicht nur irgendwie notwendig (das könnte auch Bultmann zugeben), sondern hat auch eine eigene Logik. Weil das so ist, muß eben nicht jede mythische Aussage »entmythologisiert«, das heißt auf ihren (angeblich) wahren Kern hin befragt werden, um überhaupt Sinn zu bekommen, sondern sie findet ihre Antwort in entsprechendem, gleichfalls mythischem Handeln (Liturgie – im weitesten Sinn des Wortes – und Kunst der Kirche).

Man kann *viertens* fragen: Gibt es ein einfaches Bild, mit dem man verständlich machen kann, was diese Denkweise leistet?
Antwort: Früher jedenfalls hat man bei Kindergeburtstagen »Topfschlagen« gespielt. Einem Kind wurden die Augen verbunden, es bekam einen Löffel in die Hand und mußte auf

dem Boden herumkriechen, um einem umgestülpten Topf zu finden, unter dem eine Süßigkeit versteckt lag. Mit dem Löffel in der Hand konnte das Kind auf seiner Suche am metallenen Scheppern des Topfes feststellen, ob es ihn glücklich erreicht hatte. Bis es soweit war, konnten die Zuschauer durch Rufe wie »Heiß!« oder »Kalt!« die Richtung korrigieren.

Um »heiß« oder »kalt« geht es bei der Frage nach mythischer Wirklichkeit. Denn für alle Wundergeschichten der Bibel (und weit darüber hinaus) ist die Welt nicht überall gleich weit von Gott entfernt oder gleich nah zu ihm. Sondern es gibt »heiße« Zonen, Zeiten, Orte, Zeichen und Personen und solche, die eben weit entfernt sind von Gott. Die »heißen« Orte sind solche konzentrierter Wirklichkeit und Kraft, die wie ein Klumpen Ton in Gottes Hand zusammengeballt ist. Die »heißen« Zonen nennt man Orte und Zeiten des Wunders. Denn der Schöpfergott ist hier näher als sonst. »Heiß« ist die Nähe zu Gott. In dieser Zone gibt es nach biblischem Verständnis Wunder.

Man kann *fünftens* fragen: Wie ist das mythische Wahrnehmen und Denken historisch einzuordnen? Ist es primär antik und im wesentlichen vergangen?

Antwort: Es geht nicht um eine zeitlose feste Denkweise des Menschen. Was wir heute diesbezüglich noch vorfinden, steht aber in gewisser Verwandtschaft zu Wahrnehmungs- und Denkweisen der Bibel. – Vor allem: Damals wie heute gibt es sogenannte »harte Fakten« wie etwa: Caesars Tod, Jesu Tod am Kreuz, Maria als Mutter Jesu. Diese harten Fakten sind, soweit wir im Augenblick sehen können, für jeden Historiker wissenschaftlich gut nachweisbar oder wenigstens plausibel zu machen.

Daneben aber gibt es »weiche Fakten«, die für den mitteleuropäisch oder nordamerikanisch geprägten Historiker des 20. Jahrhunderts nicht nachprüfbar sind. Dazu gehören frühchristliche Erfahrungen wie diese: Der Auferstandene kommt durch verschlossene Türen, Jesus wandelt auf dem Meer, der Auferstandene verschwindet in einer Wolke. Diese »weichen Fakten« sind nur unter Bedingungen zugänglich, die wir (als Historiker in dem bezeichneten Raum) nicht teilen. Diese »weichen Fakten« sind, wie sogleich zu zeigen ist, in ihrer Erkennbarkeit in hohem Maße davon abhängig, wie »Leib« erfahren und wahrgenommen wird.

Man kann *sechstens* fragen: Gibt es im Rahmen der christlichen Religion auch Bereiche, die nicht mythisch sind?
Antwort: Die christliche Moral gründet auf Weisheit, die christliche Theologie, sofern sie beschreibend ist, auf den Methoden moderner Geistes- und Sozialwissenschaften. Es kann also keine Rede davon sein, alles Christliche für das mythische Denken zu vereinnahmen. Zu fragen ist allerdings, ob nicht Gottes Wirklichkeit am ehesten mythisch zu erfassen ist. Aber auch hier ist Vorsicht angebracht. Denn schon der Mathematiker und Kardinal Nicolaus Cusanus hat die Unendlichkeit im Sinne der Mathematik mit der Unerfaßbarkeit Gottes zusammendenken wollen. Notwendig ist aber mythische Rede von Gott allein schon deshalb, weil wir es hier mit der Sprache der Bibel und aller Religionen in ihrem Umkreis zu tun haben.

Mystische Fakten

Nicht gerade selten hat man in unserem Jahrhundert das Verhältnis zwischen Gott und Mensch als »Beziehung«, als »dialogisch« und Gott als »Du«, als personales Gegenüber bezeichnet, auch gegen verkrustete Amts- und Gottesdienststrukturen gewandt. Unübersehbar war freilich, daß man diese Beziehung im wesentlichen worthaft dachte. Darauf weist schon das Stichwort »Dialog« hin.
Im kritischen Rückblick auf diesen Ansatz könnte man fragen, ob darin nicht eher dingliche Elemente fehlten, wie etwa

die Wunder. Hat man nicht in allen Jahrhunderten seit dem 3. nachchristlichen an Platonismus zuviel getan in der Kirche, indem man den Leib abwertete und indem man die Geistigkeit des Menschen immer höher schätzte und sie mit dem Heiligen Geist fälschlich gleichsetzte?

Anders als sonst bei kommunikativem Geschehen wird bei Wundern in einem im übrigen vielleicht vergleichbaren Geschehen Wirklichkeit nicht verarbeitet, sondern gesetzt.

Und könnte man nicht umgekehrt aus der Einbettung der Wunder in das Verhältnis der Zuwendung Gottes zum Menschen etwas erkennen über die Eigenart der Wunder selbst?

Wir gehen aus von der Würde, die wir einander zuerkennen. Sie ist nicht naturwissenschaftlich beweisbar oder ergründbar. Dasselbe gilt auch von Freiheit und Liebe. Gerade diese drei Größen, Würde, Freiheit und Liebe, weisen über unsere bloß biologische Existenz hinaus. Daher spielen sie auch in Martyrien eine besondere Rolle: Die Würde der Märtyrer bleibt unzerstörbar, ihre Freiheit erweist sich im Widerstand, und Liebe ist durch keinen Tod zu besiegen.

Wir beziehen die Grundlagen unseres Miteinanders aus einem Bereich, den wir uns nicht selbst zusprechen können. Unsere Anschauungen von Würde und Freiheit verdanken wir wesentlich der biblischen Tradition. Denn in der langen Geschichte der Beziehung zwischen Gott und Mensch wurden sie nach biblischer Anschauung dem Menschen von Gott zugesprochen oder für ihn regelrecht erkauft. So läßt die Bibel die Würde in der Ebenbildlichkeit gründen, die Freiheit durch den Sohn erkauft sein. Würde und Freiheit sind – in jedem Fall für die Erlösten – Fakten, nicht allgemeine Gefühle. Wir sollten bedenken, wie viel wir auf diese »luftigen« Fakten gründen.

Wir halten fest: Unser Zusammenleben (nicht nur das unter Christen, sondern das in modernen westlichen Demokratien) gründet auf Fakten, die naturwissenschaftlich (oder überhaupt: empirisch) nicht zu begründen sind.

Wunder sind (wie auch Auferstehung) vielleicht oft als historische Ereignisse nicht oder nicht mehr erweisbar. Auch sie sind Fakten »luftiger« Art. Aber sie sind Ereignisse in der Geschichte zwischen Gott und Mensch. Ähnlich wie in einer Liebesgeschichte nicht »objektive« Fakten eine Rolle spielen, sondern nur das, was einzelne Dinge oder Ereignisse für das Miteinander in dieser Geschichte, für diese beiden Partner, bedeuten. Wunder sind zugespitzte Erfahrung Gottes als des heilvollen Gegenübers – mit heilsamen Folgen.

Die entscheidende Frage ist dabei nicht die Kausalität, der genaue ursächliche Zusammenhang, sondern wirklich ausschließlich die Bedeutung eines Ereignisses in dieser Geschichte. Ähnlich wie bei der Frage nach dem Bösen (aber nicht identisch damit) ist auch hier für die Bibel die Frage, welche Bedeutung dieses Ereignis fortan in der Geschichte zwischen Gott und Mensch spielen darf, jedenfalls wichtiger als die Frage seiner Ursache. Wunder sind daher so etwas wie »kommunikative« oder »mystische« Fakten. Als Wunder spielen sie ihre Rolle nur auf dem Weg der betreffenden Zeugen zu und mit Gott. Ihre Bedeutung liegt nicht in der Medizin- oder Krankengeschichte, sondern nur in der Geschichte von Glaubenden. Das ist wichtig für den Dialog mit Medizinern. Für den Menschen, der so geheimnisvoll vielschichtig und abgründig ist, liegt immer alles daran, was Teil wovon ist, was in welche Entwicklung hineingehört.

Unter »Mystik« verstehe ich dabei den Kontakt mit den unsichtbaren Mächten des Himmels. Als Teil dieser Beziehung kann das Wunder riesengroß sein oder werden.

Wir halten fest: Daß Wunder jeweils Teil einer *religiösen* Geschichte sind, weist auf die *intensive* Bedeutung und Wirkung für den, dem sie zuteil wurden, und für die Zeugen. Und gerade im Bereich Gesundheit/Krankheit ist die Intensität eines Widerfahrnisses stets sehr wichtig.

Was den Weg zur Wundererfahrung blockiert

Wer aufmerksam genug ist, muß sich schon fragen, warum Wunder bei uns keine Rolle spielen. Dabei verstehe ich »Wunder« in dem oben genannten biblischen (!) Sinne als die Verkündigung begleitende Zeichen. Es mag zum Teil daran liegen, daß wir die Wirklichkeit eben so erleben, wie wir es zu erwarten gewohnt sind. Unser Lebensstil ist ganz und gar technisch und rational bestimmt. Vielleicht gibt es aber auch noch andere Ursachen. Zwei möchte ich nennen:

Der Leib und seine Ordnung

Wunder haben immer etwas mit der Leiblichkeit des Menschen zu tun. Ganz entgegen dem, was ein oberflächlicher Betrachter meinen könnte, ist gerade der »Leib« des Menschen und wie er erfahren wird, alles andere als ein festes Datum oder ein eisernes Gerüst. Vielmehr wird der Leib, sowohl, was seine Abgrenzungen, als auch, was seine Ordnung betrifft, zu den verschiedenen Zeiten und je kulturspezifisch völlig unterschiedlich wahrgenommen. Er ist aus der Sicht der Juden zur Zeit Jesu geradezu ein »Fluidum« oder wie das Gemälde, das ein Wassermaler in fließendem Wasser entwerfen könnte. Auch heute dürfte diese Sicht nicht ganz unverständlich sein.

Was die Abgrenzung nach außen angeht, so ist der Leib biblisch-neutestamentlich gesehen gerade nicht das »Privateigentum«, sondern immer der Mitbesitz anderer, er ist das Kontaktorgan zur umgebenden Wirklichkeit überhaupt. Daher ist die Schwelle, über die eine andere Macht in ihn eindringen kann, sehr niedrig.

Wie anders die Ordnung des Leibes erfahren wird, dafür sind die Schilderungen von Besessenen im Neuen Testament klassische Beispiele. Vergleichbare von uns so genannte »Geisteskrankheiten« werden vom Ansatz her anders erfahren und »sind« daher auch etwas anderes.

Moderne Geisteskrankheiten	Besessenheit im Neuen Testament
Chaos in der Seele des Kranken	Eine zweite Person, der Dämon, wohnt im Kranken
Der Kranke ist »irre«	Der Dämon ist völlig vernünftig und dialogfähig
Der Kranke ist »arm« und hilfsbedürftig	Machtkampf zwischen Exorzist und Dämon
Der »Geist« des Kranken ist Träger der Krankheit	Ursache der Krankheit liegt außerhalb des Besessenen
Biographische Erklärung und »Lösung«	Lösung durch ein neues autoritäres Gegenüber

Die größten Unterschiede bestehen darin: Für das Neue Testament ist der Dämon eine eigenständige personhafte Wirklichkeit, und das exorzistische Geschehen ist ein Drama mit völlig klar umrissenen Gegebenheiten, auch sein Verlauf ist ganz klar einsehbar. Ganz anders dagegen die moderne Optik: Der Kranke steht allein, das Geschehen ist unklar, der Kranke besitzt eine »diffuse Tiefe«.

Besonders auffällig ist, daß das frühe Christentum für die Besessenheit juristische (Eigentumsverhältnis bei Mietwohnungen) oder mechanische Kategorien (der Stärkere vertreibt den Schwächeren) heranzieht und damit völlig »rational« argumentiert, während man heute mit einem sehr komplexen biographischen Zusammenhang rechnet, der auch nur interdisziplinär zu erfassen ist. Wenn schon die grundlegende Wahrnehmung des Krankheitsbildes so anders ist, dann überrascht es nicht, daß die Therapie heutzutage eben nicht mehr das (autoritäre) Machtwort des gegenüberstehenden Heilands einsetzen kann. Dieser wird für den Kranken zum neuen Orientierungszentrum.

Es gibt allerdings auch heute Gruppen und Therapiezentren, die Geisteskrankheiten auf die »biblische« Weise therapieren möchten.

Exorzismus heute

Daß die Wirksamkeit Jesu wie auch der Jünger – insbesondere nach dem Markus-Evangelium – vor allem in Exorzismen bestand, kann auch heute nicht völlig belanglos sein. Für den Neutestamentler ist es interessant zu sehen, wie sich auch moderne katholische Bischöfe angesichts praktizierter Exorzismen – meines Erachtens völlig unnötig – in peinlicher Verlegenheit befinden und eilig per Dekret unangenehme Erinnerungen dieser Art beseitigen möchten – auch dies wieder ein Beleg für die Aversion der verwalteten, aufgeklärten Großkirchen gegen die Dimension des »Wunders«.

Sicher kann man heute mit der Personifizierung des Bösen nicht mehr so großzügig sein wie die Menschen der Bibel. Und ganz sicher gilt auch, daß heute angesichts von »Fällen«, die man hier einordnen möchte, eine strikte Kooperation von Arzt, Sozialarbeiter und Seelsorger nötig ist. Angesichts des tödlichen Ausgangs eines Exorzismus ist die Problemlage gründlich und mustergültig von U. Niemann und J. Mischo dargestellt worden (Zeitschrift für Parapsychologie und Grenzgebiete der Psychologie 25, 1983, 129–194). Das ist hier nicht zu wiederholen.

Mir geht es um etwas Schlichteres. Nur wenige Christen wissen, daß die letzte Bitte des Vaterunsers in der Fassung des Matthäus eine exorzistische Bitte ist. Denn die Bitte *Erlöse uns von dem Bösen* bezieht sich nach dem Kontext und Sprachgebrauch des Evangelisten nicht auf *das* Böse, sondern auf *den* Bösen und damit auf den Teufel. Am Höhepunkt und Schluß des beliebtesten christlichen Gebets lehrt demnach Jesus selbst, wie man exorzistisch beten soll. Im Anschluß daran möchte ich versuchen, ein modernes exorzistisches Gebet zu formulieren. Ich greife dazu die Anregung auf, die Jesus nach Markus 9,29 gibt *(Diese Art kann nur ausfahren durch Gebet und Fasten)*. Es muß auch klar sein, daß es sich nach der Tradition der Kirchen des Ostens und des Westens nur um ein liturgisches, nicht um ein meditatives Gebet handeln kann. Ich greife daher die Schlußbitte des Vaterunsers auf und schlage vor, als Refrain nach jeder Bitte zu wiederholen: »Erlöse uns, o Herr.« In dem Gebet versuche ich, was das Böse oder den Bösen angeht, die Grenzen zwischen Macht, Sucht, Personhaftigkeit und Inspiration systematisch aufzuheben. Angesichts der Größe dieses Schreckens sind sie vielleicht auch belanglos.

Erlöse uns, Herr, von dem Bösen:
von tödlichen Ideologien, die uns wie Kerkermeister gefangen halten –
von dem, der sich als riesiger Schatten zwischen dich und uns werfen will –
Erlöse uns, Herr,
von allem, was wie blanker Haß eine geballte, schreckliche Macht ist –
von allem, was wie tödliche Sucht Menschen zum Morden treibt –
von dem, der uns von dir wegführen will –
von dem, der uns peinigt –
von dem, der Menschen zerstört –
von der Intelligenz der Lüge und des Betrugs –
von dem, der uns zum Bösen inspiriert –
von dem, der uns in vielen Gestalten und Larven betrügt –
von höhnischer Menschenverachtung –
von allem, was uns Grauen einjagt –
von allem, was uns Angst macht –
von der aggressiven Finsternis in uns selbst –
von den tausend Wegen, die wir gefunden haben, uns selbst zu entschulden –
von dem trickreichen Gespinst der Argumente gegen dich –
von allem Selbstbetrug und Fremdbetrug –
von dem, was intelligent und verführerisch unserm Herzen schadet wie ein Gegenbild der Weisheit, die du selbst bist.
Du, Herr, bist die Weisheit selbst und das Leben selbst. Auch das, was zum Tod führt, erscheint oft als klug und äfft dich

nach. Daher begegnet es uns Menschen immer wieder wie eine Person. Gib uns die Kraft zur Unterscheidung. So erlöse uns von dem Bösen.

Der Leib als sensibles Fluidum

Ein anderes Beispiel dafür, daß wir unseren Leib anders erfahren als die Menschen der Bibel und damit aber auch das, was mit dem Leib in der Welt geschieht, ist die in Apostelgeschichte 8,39–40 geschilderte Entrückung des Apostels Philippus durch den Heiligen Geist von einer Stadt in die andere. Das Interessante an diesem Wunder ist, daß man aufgrund zeitgenössischer ähnlicher Texte den Versuch machen kann, neben diese Entrückungserzählung gewissermaßen eine zweite Version desselben Geschehens zu stellen. Nach dieser Version hätte Philippus auf dem Weg so intensiv gebetet und meditiert, daß er in Ekstase fiel, den Weg gar nicht mehr spürte und subjektiv durchaus von einer Entrückung sprechen konnte, weil er das Geschehen so wahrnahm (vgl. dazu Theologische Realenzyklopädie Bd. 12, S. 179,44–180,14). Lukas hat möglicherweise in seiner Darstellung die Eigenwahrnehmung des Philippus zur Grundlage eines »neutralen« Berichtes gemacht.

Wir halten fest: Der »Leib« des Menschen ist nach biblischer Auffassung ein sensibles, offenes System. Der Leib ist ein »weiches Faktum« im strengen Sinne des Wortes. Denn was und wie er »ist«, das ist in ungewöhnlich hohem Maße bestimmt durch einen Zirkel von Vorstellungen und entsprechenden Erfahrungen. Die Stigmatisierungen mit den Wundmalen Christi, die zum Beispiel von Franz von Assisi berichtet werden, weisen gleichfalls auf die Sensibilität des Leibes hin – während Galater 6,17 *(Ich trage die Wundmale Christi an meinem Leib)* sich wohl nicht direkt auf dasselbe bezieht, sondern nur meint: Paulus betrachtet seine Blessuren und Verwundungen als identisch mit denen des Herrn, weil er dem Herrn ganz gehört.

Nach biblischer Wahrnehmung gibt es keine Trennung von

Leib und Seele, sondern man könnte, um überhaupt eine Annäherung zu versuchen, den Leib das Organ der Seele nennen. Weil – biblisch gesehen – die Qualität des Leibes das Wohl und Wehe des Menschen bestimmt, seine Seligkeit oder seine Verdammnis, deshalb geht es nicht um Objektives, sondern stehen immer elementare Interessen und letzte Werte auf dem Spiel.

Person und Ding als Einheit

Es kann sein, daß wir deshalb Wunder (im Zusammenhang der Verkündigung!) gar nicht mehr wahrnehmen können, weil der Mensch nicht nur nach unserer Auffassung in »Leib und Seele« gespalten ist, sondern weil auch unsere Praxis dem entspricht. Da gibt es einen engen Zusammenhang: Wer meint, der Mensch bestehe »aus Leib und Seele«, der lebt eben auch so. Geht man davon aus, dann könnte unser Mangel an Wundererfahrung daran liegen, daß unser Gottesverhältnis ausschließlich geistig-personal ist.

Dieser Satz mag zunächst verwundern, da wir es gewohnt sind, die geistig-personale Beziehung zu Gott als einen riesengroßen Fortschritt zu betrachten. Was ist nicht in diesem Jahrhundert alles über die Beziehung zwischen Ich und (dem göttlichen) Du gesagt worden! Dabei herausgekommen ist zum Beispiel, daß man sagt, der Heilige Geist Gottes sei »die personale Selbstmitteilung Gottes in die Innerlichkeit (Geistigkeit) des Menschen, dem Bewußtsein erfahrbar«. Derartigen Thesen kann man, von der Bibel her urteilend, nur Wort für Wort widersprechen.

Richtig ist vielmehr: Die gesamte Bibel kennt noch keinen Personbegriff in unserem Sinne. Der abendländische Personbegriff ist vielmehr erst Resultat der Dogmengeschichte, besonders in der Frage der Dreifaltigkeit. Daher geht die Bibel auch anders, nämlich großzügiger, mit Personifizierungen um als wir. Und Sprache »konstituiert« nicht Beziehung im Sinne moderner Bewußtseins- und Kommunikationstheorie, sondern ist eher Symptom. Die Grundlage des Verhältnisses zu Gott wird vielmehr durch Bildworte (Metaphern) aus dem Bereich der Qualität (Beschaffenheit, vornehmlich materiell) und des juristischen Status (besonders: Eigentum) bestimmt.

Denn weil die Bibel noch keine Trennung von Leib und Seele kennt, wird das Verhältnis zu Gott nicht »seelisch«, sondern immer von der leiblichen Grundlage her bestimmt. Daher spricht Paulus zum Beispiel nicht von der »ewigen Seligkeit«, sondern vom »Verwandeltwerden« des Menschen in seiner unteilbaren Ganzheit. So geht es, was die Qualität betrifft, zum Beispiel um den Menschen als »Fleisch« – er ist sterblich, vergänglich, anfällig, schwach. Oder sein Status wird genannt: Er ist Sklave oder Kind (und damit dann erbberechtigt), Fremder ohne Bürgerrechte oder Bürger.

Gerade aus diesem Grunde unterläßt es Paulus oft, über die innerpsychischen Folgen seiner Anweisungen nachzudenken, auf die wir bei moderner »Seelsorge« das Hauptgewicht legen würden. Weder kümmert er sich um das »Innenleben« des Unzuchtssünders, den er in 1 Korinther 5,3–5 dem Tode übergibt (!), noch sagt er auch nur ein Wort über die seelische Seite der zölibatären Existenz bei denen, die nach 1 Korinther 7,1–4.34 *für den Herrn heilig nach Leib und Geist* sind.

Für die Frage nach dem »Wunder«, das ja seinen Sitz vor allem in der Ersterfahrung (Bekehrung) des Menschen mit Gott hat, bedeutet das: Die überwältigende erste Begegnung mit diesem Gott wird nicht sogleich mit Hilfe der Unterteilung Leib – Seele innerpsychisch verstanden und so »abgeleitet«. *Das Wunder trifft den Menschen vielmehr undifferenziert ganz.* Er ist den Folgen der Gottesbegegnung mit Haut und Haaren ausgesetzt. Er hat keine Möglichkeit, sie nur innerpsychisch zu »erden«. Unsere Differenzierung des Menschen in Leib und Seele ist eben nicht nur eine theoretische Frage, sondern auch und zuerst eine praktische.

Wir halten fest: Es geht hier nicht um »personale Beziehungen« zwischen dem Ich und dem Du, sondern um Materie, Macht und Status.

Es kann sein, daß das berühmte Memorial Blaise Pascals von 1654 in den Worten »Feuer, Gott Abrahams, Gott Isaaks, Gott Jakobs...« etwas von dieser überwältigenden Anfangserfahrung widerspiegelt.

Nach dem Gesagten sollte überdies klar sein, daß Anthropologie und moderne Humanwissenschaften (Psychologie, Soziologie) kein Maßstab für das Beurteilen und Einschätzen mythischen biblischen Denkens sein können.

Wie wirkt Gott Wunder?

Wir haben gesehen: Die mythischen Formen der Erfassung von Wirklichkeit sind nicht sämtlich vergangen, vielmehr gibt es auch in der Gegenwart zumindest Ähnliches, so daß wir von daher die frühchristlichen Berichte (und solche aus der sogenannten Dritten Welt heute) zumindest verstehen können.

Wir hatten ferner gesehen: Die mythische Art, Welt zu erfahren, ist in sich konsequent und von eigener Logik. Sie ist nicht irrational, sondern der Art des »Erlebens« entsprechen besondere Wege des Denkens. Daher ist hier nicht einfach »alles möglich«. Um diese innere Logik und um dieses Wie geht es im folgenden. Hier steht also nicht die Frage nach der Tatsächlichkeit zur Debatte, sondern die Frage, wie Gottes Wundertun eingeordnet wird in sein Erschaffen, Offenbaren und Richten sonst.

Wunder als Neuerschaffung?

Verbreitet ist die Ansicht, daß Gott mit den Wundern, die er seine Verkündiger wirken läßt, seine eigene Schöpfung »durchbricht«, widerruft, überwindet und im Prinzip verändert. Zugespitzt gefragt: Bereut Gott im Wunder gewissermaßen seine eigene Schöpfung, ruft er sie in die Werkstatt zurück? – Oftmals werden wir bei Fragen dieser Art von der unbiblischen Auffassung der »Erschaffung aus dem Nichts« geleitet; nähme man so etwas an, dann wäre Gott für schlechterdings alles verantwortlich zu machen, auch für alle Mängel und Gebrechen, für Krankheit und Tod. Aber von einer Erschaffung aller Dinge aus dem Nichts sprechen erst späte, außerbiblische Texte. Gott kämpft vielmehr nach der Bibel in allen Phasen seiner Schöpfung gegen ein Chaos, das er offenbar vorfand (vgl. dazu: Klaus Berger, Wie kann Gott Leid und Katastrophen zulassen? 1996). Dagegen bereitet uns der Ansatz, Gott für alles zur Rechenschaft zu ziehen, dann bei den Wundern die größten Schwierigkeiten. Damit stellen wir uns nur selbst immer wieder ein Bein. Denn es geht eben nicht um freie Zauberkunststücke, in denen gewissermaßen immer neu Kaninchen aus dem Hut gezaubert werden, wo vorher nichts war. Wir wundern uns dann nur selbst, warum wir das nicht annehmen können.

Der Zusammenhang des Wunders mit der Schöpfung ist viel organischer, als wir es in dieser pseudo-modernen Zauber-Theorie wahrhaben möchten.

Wunder als Lösen der Fesseln

Das Bild der Befreiung, der Lösung von Verhärtung, der Freisetzung von Kräften, des Abstreifens von Fesseln, ja der Entkrampfung und der Beseitigung von Blockaden und Verschlossenheiten scheint mir wesentlich angemessener als die Rede von »Veränderung« und »Neuschöpfung«.

Damit soll es mir nicht darum zu tun sein, Wunder rational verständlicher zu machen. Nein, für den technischen Verstand bleiben Wunder Unsinn oder Geheimnis, je nachdem, ob man sich aggressiv oder zurückhaltend verhält. – Hier geht es vielmehr darum, gewissermaßen »inner-mythisch« zu klären, wie Wunder und Schöpfung sich zueinander verhalten. Denn auch in der Welt der Wunder gehen die Gedanken nicht durcheinander wie die Sprünge junger Ziegenböcke.

Einige Beispiele sollen daher die oben angeregte Wahl der Bilder verdeutlichen.

In Hebräer 11,11 heißt es von Sara, Abrahams Frau: *Durch den Glauben empfing auch Sara selbst die Kraft dazu, daß (Abraham) seinen Samen in sie hineinlegen konnte...* Normalerweise gilt diese Stelle als unübersetzbar, weil niemand einsieht, warum Sara Kraft brauchte, damit Abrahams Same in ihrem Mutterschoß fruchtbar werden konnte. Doch es geht um eine besondere Abwandlung der Vorstellung von »Kraft« und damit von Wunder. Und die übliche Auffassung, ein Wunder sei wie das »Erschaffen einer großen Sache«, verhindert das Verständnis. – Denn Glaube wirkt hier in der Tat ein Wunder – oder schöner und differenzierter in der Sprache des Hebräerbriefes ausgedrückt: Die Wirklichkeit des Glaubens in Sara ist Empfänglichkeit dafür, daß Gott seine Kraft und Macht in einem besonderen Geschehen erweisen kann. Das Wunder geschieht nicht bei Abraham, sondern bei Sara. Abraham bringt den Samen hervor, aber Sara muß ihn aufnehmen können. Die Kraft dazu besteht darin, daß sich die Sperre ihres Mutterschoßes löste, daß sich ihre Verschlossenheit öffnete, so daß der Same dort niederfallen konnte, wo die Tür verriegelt war. Das Wunder besteht darin, daß sich etwas löst. – In gewisser Hinsicht ähnlich bittet die Kirche um den Heiligen Geist: »Beuge, was verhärtet ist.«

Noch ein anderes Wunder an einer Frau ist zu nennen. Lukas 13,11f berichtet von einer Frau, die *gekrümmt war und sich nicht vollständig aufrichten konnte.* Und *Jesus sah sie, rief sie herbei und sagte zu ihr: Frau, sei befreit von deiner Krankheit.* Auch wenn Jesus nach Lukas 4,18 die Freilassung der Gefangenen verheißt und dazu an Jesaja 61,1f anknüpft, wird dies als Befreiung von unrechtmäßiger Fesselung begriffen.

Rettung durch den eigenen Glauben

Besonders zu nennen sind aber die zahlreichen Wunderberichte, nach denen Jesus sagt: *Dein Glaube hat dir geholfen.*

Das bedeutet: Nicht Jesus, der dieses den Kranken zuspricht, sondern deren eigener Glaube ist der Retter. Der Glaube wird daher – ähnlich wie oben nach Hebräer 11,11 – als wundertätige Kraft aufgefaßt. Er selbst bedeutet Anteilhabe an der Macht Gottes.

Man kann hier weiterfragen: Wie ist die innere Logik dieses Geschehens, welche Vorstellung des Ablaufs läßt sich hier rekonstruieren? – Jedenfalls ist der Vorgang *nicht* so gedacht – dagegen spricht der Wortlaut im Munde Jesu –, daß Jesus durch »magische« Krafteinwirkung auf sein Gegenüber wirkt. Vielmehr hat der Bote Gottes, der Messias Jesus, in dem jeweils Angeredeten so etwas wie »Kräfte zur Selbstheilung« geweckt, denn nichts anderes sagt der Satz »Dein Glaube hat dich gerettet«.

Sicher ist nur folgendes: Der Glaube wird hier als Kraft in dem Geheilten verstanden, nicht als Kraft des »Wundertäters« (der in diesem Kontext das moderne Attribut »Wundertäter« eigentlich nicht »verdient«). Denn es geht durchaus um eine Selbstheilung, die vom eigenen Glauben ausgeht. Sicher: Der Glaube ist neu entstanden, durch Jesu Botschaft zustande gekommen. Und er bezieht seine Kraft aus dem Einssein mit Gott. *Dieses Einssein mit Gott wirkt offenbar heilend auf das Einssein des Kranken mit sich selbst.* In diesem Sinne ist Erlösung Befreiung der Kreatur.

Vielleicht besteht das Einswerden mit sich selbst in einem Vorgang wiederherstellender Erinnerung. Geht es um Lösung und Freisetzung von Kraft, die der Schöpfer in den Menschen hineingelegt hat? Aber damit haben wir die Grenze des Rekonstruierbaren schon überschritten.

Mir ist nicht ganz unbekannt, daß es auch in der Medizin im Zusammenhang der Diskussion über besondere Heilungen die Rede von »Selbstheilungskräften« im Menschen gibt. Gehen hier exegetische Rekonstruktion der mythischen Vorstellungen und moderne Medizin in dieselbe Richtung? – Zum Stichwort Freisetzung wäre dann auch an das gnostische und kabbalistische Schema der Erlösung durch Erinnerung zu denken: Die Erinnerung an die Herkunft befreit aus den Zwängen der Welt.

Wir halten fest: Wunder werden als Befreiung, Lösung und Abnehmen der Fesseln verstanden. Andererseits weist vieles dabei auf eine Versöhnung zwischen Gott und Mensch (Einssein im Glauben), was auch eine Versöhnung des Menschen mit sich selbst bedeutet.

Wie handelt Gott überhaupt in der Welt?

Die moderne Diskussion

Wunder sind Zeichen des direkten Handelns und Eingreifens Gottes in der Welt. Wie ist das für moderne Menschen vorstellbar? – Für eine Antwort auf diese Frage orientieren wir uns weiterhin an dem oben vorgestellten Modell der verschiedenen Räume mit den unterschiedlichen Türen.

In der neuesten theologischen Diskussion wird dieses Thema wieder behandelt – großenteils so, als habe es die Debatte über Mythos und Entmythologisierung in den fünfziger und sechziger Jahren nie gegeben. Die Antworten bewegen sich in einem weiten Spektrum. Auf der einen Seite steht die Behauptung, Gott habe sich aus der Welt herausdrängen lassen, er sei nur als der Abwesende anwesend und als der Ohnmächtige greifbar. – Andere sagen, Gott habe doch wenigstens sein Wort – durch Inspiration etwa – geoffenbart und Juden und Christen erwählt. Andere gehen noch weiter und führen die Stiftung der Kirche auf Gott zurück.

Mißlich an dieser Diskussion scheint mir zu sein: Man klärt nicht zuvor, von welcher Wirklichkeit man redet. Der Versuch, innerhalb einer völlig einheitlich – eben modern, technisch und rational – verstandenen Welt Gottes Handeln irgendwie aufzuweisen oder auch nicht, endet bestenfalls in altbekannten Verteidigungsmanövern. Gott soll dann doch irgendwo noch gefunden werden können. Es bleiben aber nur bestimmte Nischen übrig – oder eben gar nichts. In allem spiegelt sich zudem die Situation der Kirche.

Wie man über Wunder nicht reden sollte

Aus meiner Sicht müßte bei der Beantwortung der Frage nach Gottes Handeln in der Welt folgendes unbedingt vermieden werden:

– Gottes Handeln darf nicht zum Lückenbüßer für die Fälle werden, in denen rationale Erklärungen nicht weiterkommen (dies in Anlehnung an Dietrich Bonhoeffer).

– Gottes Handeln darf entsprechend nicht nur auf die Ebene des »Geistigen« (Kommunikation, Selbstverständnis) beschränkt werden. Denn wer das im Rahmen eines im übrigen unbefragten rationalen Weltbildes tut, wird über kurz oder lang Opfer der Argumente und Reduktionen von Psychologen oder Neurophysiologen.

– Wer Gottes Handeln in der Welt gleich null setzt, verweist Religion und Theologie auf ein pures Jenseits. In meiner Bibel jedenfalls steht es anders.

– Wer naiv weiterhin von Heilstatsachen redet, ignoriert die kritische Diskussion über das in dieser Hinsicht anregende und sinnvolle Programm Rudolf Bultmanns.

Wunder und die anderen Zugänge zur Wirklichkeit

Wenn man dieses bedenkt, wird man im Blick auf unser Modell von den verschiedenen Räumen der Wirklichkeiten sagen können: *Die einzelnen Wirklichkeitsräume verhalten sich komplementär zueinander.*

Die verschiedenen Zugänge eröffnen in keinem Falle schon je für sich Einsicht in die ganze Wirklichkeit. Gerade in ihrer Unterschiedlichkeit weisen sie auf die Unfaßbarkeit des Ganzen. Hier gilt: Wer sich sein Bild von der Welt zu einfach macht, gerät auch in Gefahr, das Geheimnis Gottes nach eigenem Geschmack einzugrenzen.

In jedem Wirklichkeitsraum sollten die zuständigen Fachleute ehrlich sagen, was sie mit ihrem Ansatz und ihren Methoden erweisen und erkennen können und was nicht. Von einem Wissenschaftler im Bereich rational-technischen Forschens kann ich eine Auskunft über die Grenzen erwarten, die er selber für sein Forschen ermittelt. Jedenfalls steht ihm kein Urteil über die anderen Wirklichkeitsbereiche zu. Es ist daher eine schlichte Überschreitung der Kompetenz, wenn ein rationalistischer Bibelwissenschaftler erklärt, er wisse ganz genau, es gebe Wunder, Gott, Gottes Wort etc. nicht. Es ist ebenso Kompetenzüberschreitung, wenn manche Naturwissenschaftler älterer Prägung die pure Annahme von mehreren Türen zu unterschiedlichen Räumen für Aberglauben erklären.

Vielmehr: Ein konsequent ehrlicher Gelehrter kann zugeben, was er erklären kann und was nicht. Dabei bemerke ich als Theologe: Der Raum des (jeweils noch) Unerklärbaren ist *nicht* von sich aus der Raum Gottes! (Sonst gerät man in die bekannten Rückzugsgefechte.) Vielmehr gilt: *Die verschiedenen Deutungen der Wirklichkeit stehen in einem Konkurrenzstreit miteinander.*

Das Nebeneinander der verschiedenen Türen ist kein statisches, beruhigtes oder nur harmonisches. Vielmehr besteht seit den Anfängen unserer Kultur ein Gerangele, eine Art Wettlauf um die jeweils schlüssigste Lösung. Und welche das sein kann, das ist oft je nach der zu klärenden Lebenssituation verschieden. So gibt das mythische Weltbild keine besonders gute Erklärung der Blitze – schon unter dem Druck der von der innerchristlichen Aufklärung (Schöpfungsberichte) ausgehenden Rationalität hat man darauf verzichtet, Blitze als direkte Lebensäußerung Gottes zu verstehen.

Oft sind – schon in der Antike – die Vertreter des mythischen Weltbildes von den Rationalisten bissig geschmäht worden. Doch ihre Stärken liegen unübersehbar dort, wo es um die Heilung und Rettung jedes einzelnen Menschen geht – vom Asklepiosheiligtum in Epidauros bis hin zum Seelenfrieden nach einer Lourdes-Wallfahrt.

Gottes Wirklichkeit wie auch Gottes Handeln in den Wundern ist nur wahrnehmbar im Rahmen des mythischen Verständnisses von Wirklichkeit. Das heißt: Ich verzichte darauf, Wunder direkt im Rahmen von Naturwissenschaft, Technik, Historie usw. als wissenschaftlich nachprüfbar erweisen zu wollen. – Das bedeutet eine Entlastung der Vertreter dieser Bereiche von übermäßigen Anforderungen seitens des Klerus – so wurde das Problem historisch immer greifbar. Denn immer wieder hat ein wenig erleuchteter Klerus alles, was Wunder betrifft, im Rahmen wissenschaftlicher Nachprüfbarkeit ansiedeln wollen. Es bedeutet aber auch, daß die Vertreter der anderen Bereiche von sich aus darauf verzichten, »alles« zu wissen oder erklären zu können.

Es geht aber nicht einfach um einen Zirkel, daß wer eben die Welt mythisch erlebt, sie zwangsläufig so sehen muß wie die Bibel. Wir haben bereits dargestellt, daß mythische Wirklichkeit und biblisches Verständnis von Wirklichkeit Gottes nicht einfach dasselbe sind: Der Glaube an den einen Gott Abrahams ist schon eine sehr bestimmte und besondere Deutung mythischer Realität.

Dennoch ist die Frage nach dem Zirkel noch einmal verschärft zu stellen: Ist es nicht pure Willkür, einfach eine mythische Ebene annehmen zu wollen, auf der es merkwürdige Dinge wie Wunder gibt? Antwort: Der mythische Entwurf ist dann und solange ernst zu nehmen, wie er eine eigene Logik hat. Wer diesen Entwurf vertritt, sollte sagen, daß es sich nicht um den einzigen Zugang zur Wirklichkeit handelt, und sich auch um Fragen nicht drücken, die man ihm mit Recht vorlegen kann.

Um eine Schizophrenie zu vermeiden, ist es wohl weise, für sich selbst eine Wertrangfolge der Zugänge zur Wirklichkeit anzunehmen. Diese Rangfolge ist wohl auch und gerade dann angesagt, wenn man die verschiedenen Zugänge als komplementär betrachtet. Denn die Frage ist: Wo bleibt bei diesen konkurrierenden und einander ergänzenden Wirklichkeiten und den unterschiedlichen Methoden der einzelne Mensch mit seinem persönlichen Weg der Sinnsuche? Wird er nicht in Schizophrenien zerrissen?

Stärker als die Bibel unterscheiden wir zwischen verschiedenen Ebenen der Wirklichkeit, und auf allen Ebenen wirkt Gott für den christlichen Glauben verschieden. Die Ebene der Naturgesetze wird nach Ursache und Wirkung geregelt, wir denken Gott als den Schöpfer, der diese Gesetze selbst gegeben hat und nicht immerzu in ihren Geltungsbereich eingreift. In der Ebene der Geschichte denken wir Gott als den, der letztlich mit seiner eigenen Person für den Sinn garantiert – so etwa, daß die Ausbeuter nicht endlos triumphieren, die Opfer nicht immer nur Opfer bleiben werden. Auf dieser Ebene *erhoffen* wir vor allem Gottes Handeln. Auf der Ebene unseres persönlichen Gottesverhältnisses können wir alles, was uns widerfährt, in das Gespräch mit Gott einbeziehen. Wer vom Unfall verschont wurde, hat Grund zu danken; der, den der Unfall betroffen hat, kann und darf vor Gott klagen. Dies ist die Ebene unseres Glaubens und unseres Herzens. Sie ist für die persönliche Frage nach dem Sinn des Lebens und auch im Leiden die wichtigste.

Diesem Bereich der persönlichen Sinnfindung ist jener Bereich, in dem man Wunder annehmen kann, benachbart. Es ist der mythische Bereich. *Eine* Klammer zwischen diesen beiden Bereichen ist das Gebet.

Die Erfahrung zeigt, daß es weise ist, für die Frage nach der eigenen Existenz, dem Herzen, von folgender Rangfolge auszugehen: mythisch – poetisch – weisheitlich – rational. Das heißt: Für die Frage nach dem Sinn des eigenen Lebens und nach dem, »wo ich stehe«, hat es sich als sinnvoll erwiesen, mythische Antworten erstrangig zu betrachten, ganz gleich, ob man sie dann annimmt oder nicht.

Dabei bleibt der mythische Bereich keineswegs bei Antworten nur für das Individuum, sondern greift weit aus auf das Ganze. Aber die Fragen kommen zumeist in dieser Reihenfolge vor. Die kühnste Aussage, wirklich das Ganze betreffend, der ich für meine Position viel verdanke, stammt von Nicolaus Cusanus, einem Philosophen, Naturwissenschaftler, Kirchenmann und Mystiker des 15. Jahrhunderts, nach dessen These Gottes Ort die Einheit der Gegensätze sei. Diese Gesamtsicht habe ich auf die unterschiedlichen Zugänge zu den einzelnen Räumen angewandt. Als Entwurf entstammt er mystischer Theologie.

Was heißt das konkret? Die Sinnfrage, die Fragen unseres Herzens nach Woher und Wozu sind für uns persönlich entscheidend. Die Bibel nennt es die Wirklichkeit zwischen Mensch und Gott. Im Lichte dieser Wirklichkeit kann man das ganze Leben und die ganze Weltgeschichte erfassen und deuten, und zwar als dramatisches Geschehen im Sinne »mythischer« Wirklichkeit. Alles, was dem Menschen überhaupt begegnet, kann unter dem Aspekt dieser Wirklichkeit betrachtet werden, zum Beispiel wenn es als Grund zu Klage, Trauer, Dank oder Jubel vor Gott gebracht wird.

Gott handelt auf der mythischen Ebene und für mythisches Verständnis als derjenige, der Segen gibt, der Ereignisse vernetzt, der auch einmal nicht eingreift oder der zum Beispiel Jesus am Kreuz »verlassen hat«.

Diese Erfahrensweise kann sich nun mit anderen Zugängen zur Wirklichkeit »beißen«. Denn die naturwissenschaftliche Weise der Beurteilung muß zwangsläufig zu anderen Aussagen kommen. Aber das ist keineswegs besonders irritierend. Das Phänomen ist bekannt von der Frage her, was Liebe sei. Wir lachen über jeden, der Liebe nur physiologisch oder chemisch erklären möchte. Auch wenn es sich dabei um unbestreitbare Tatsachen handelt, wissen wir doch um die Ebene der Personalität. Und »die« Liebe ist nicht das eine oder das andere, nicht das chemische, soziale, psychologische oder personale Phänomen je für sich. Sondern Liebe sind nur alle diese Aspekte zusammen, auch wenn sie sich untereinander auszuschließen scheinen. An diesem Beispiel wird erkennbar: Wirklichkeit wird uns nur noch interdisziplinär zugänglich. Oft kann man nur erahnen, daß es sich um ein und dieselbe

Sache handelt. Im Bild ausgedrückt: Es ist wie bei einem achteckigen Kartenhaus. Die Karten bilden alle zusammen ein Haus. Sie sind um denselben Mittelpunkt herum angeordnet und stützen sich gegenseitig, indem sie in doch ganz unterschiedliche Richtungen streben. So gehören sie in und wegen ihrer Gegensätzlichkeit zu dem einen Haus.

Den verschiedenen Karten des achteckigen Hauses entsprechen verschiedene Wirklichkeitsebenen.

Offene Fragen

Wer im Blick auf Gottes Wirklichkeit die Welt erlebt und beurteilt, wird Wunder erfahren können. Und umgekehrt: Wer in einem durch mythisches Denken geprägten »Milieu« aufgewachsen ist, wird aufgrund von Wundern (die der Verkündiger wirkt) zum biblischen Gott finden können. So war die Situation in der frühchristlichen Mission.

Man wird sofort fragen: Was ist mit den anderen, die das nicht so wahrnehmen? Bleibt ihnen diese Welt verschlossen? – *Antwort:* Es kann sein, daß die offenen Fragen, die angesichts anderer Entwürfe von Wirklichkeit entstehen, die Menschen auf die Suche nach einem anderen Modell bringen, das auf die Sinnfragen plausibler antwortet. – Aber es entsteht noch eine Reihe weiterer Fragen.

Frage: Können Auskünfte aus den verschiedenen Wirklichkeitsbereichen einander widersprechen? – *Antwort:* Grundsätzlich muß man mit dieser Möglichkeit rechnen, besonders wenn man davon ausgeht, wie begrenzt der Horizont jeweils ist. Wenn und weil Gott die Aufhebung der Gegensätze ist, darf es in den verschiedenen Weltsichten auch einander Widersprechendes geben. Vor Gott gilt dann nicht »dies« oder »das«, sondern in der Regel ein »Drittes«. – Entsprechend kann auch beides zusammen wahr sein: Ein medizinisch erfaßbarer Vorgang (etwa: eine überraschend schnelle Genesung) kann gleichwohl als Wunder erlebt und erfahren werden. – Ähnliche Gegensätze gibt es doch auch, wenn zum Beispiel Liebe naturwissenschaftlich *und* poetisch erfaßt und gedeutet wird.

Frage: Wie steht es mit der medizinischen Aufweisbarkeit eines Wunders? – *Antwort:* Der Mediziner ist nicht dazu da, ein »Wunder« festzustellen. Als Mediziner kann er bestenfalls so weit kommen zu sagen: Diese Heilung ist für mich unerklärlich. Dann setzt die Konkurrenz der Erklärungsmodelle ein. Wenn der Theologe hier Wirklichkeit im ganzen plausibler erklärt, hat sich sein Modell bewährt. – Aber wichtig ist: Es geht am Ende nicht um ein Gewirr von Einzelfragen und -antworten, sondern in jedem Wirklichkeitsraum besteht die Tendenz, ein möglichst großes Feld erfassen und beschreiben zu wollen.

Frage: Wie sieht die Konkurrenz der Entwürfe praktisch aus? – *Antwort:* Die einzelnen Türen zu den unterschiedlichen Wirklichkeiten sind in der Regel nicht frei und beliebig verfügbar. Das mit dem Bild Gemeinte hat nicht die Funktion von Schubladen, die man nach Belieben zum Einsortieren öffnen könnte. Die historischen Situationen sind oft nicht überspringbar.

Frage: Der Unterschied zwischen uns und den Menschen zur Zeit des Neuen Testaments liegt doch darin, daß wir »auf einer ganz anderen Reflexionsstufe als die Menschen damals stehen: Im Gegensatz zu ihnen *wissen* wir, daß unsere Wahrnehmungsweise ›geschichtlich bedingt und nicht zeitlos ist‹. Mit diesem Reflexionsschritt sind wir grundsätzlich über das mythische Denken hinaus, und keine Rekonstruktion mythischer Kategorien kann dazu verhelfen, mit diesem Bewußtsein wieder identisch zu werden.« (Alexander Bommarius, Fand die Auferstehung wirklich statt? 1995, 121) – *Antwort:* Erstens sind die Verfasser des Neuen Testaments, man weiß

112

es von Lukas, Johannes und Paulus hinreichend, für ihre Zeit äußerst gebildete Menschen. In dieser Zeit gab es seit Jahrhunderten eine entwickelte Religionskritik der Philosophie (Xenophanes; Lukian). Da diese christlichen Autoren immer wieder auf religionsgeschichtliche Betrachtungsweise Bezug nehmen (zum Beispiel Johannes 5), ja sogar selbst auf Religionskritik reagieren (zum Beispiel Apostelgeschichte 14,12–15), ist es extrem unwahrscheinlich, daß sie nicht von zeitgenössischer Kritik an Wundern etc. gewußt hätten. Insofern ist es falsch, diese Theologen als einfältig mythengläubig darzustellen. Mehrere Türen, um im Bild zu bleiben, gab es auch damals schon. – Zweitens, was uns betrifft: Wenn wir wissen, daß unser Erkennen bedingt ist, dann ist doch die Konsequenz angesichts mythischer Wahrnehmungsweisen nicht Schizophrenie oder Relativierung des Mythischen, sondern im Gegenteil: Die Konsequenz heißt Demut. Und diese verträgt sich sehr wohl mit mythischer Wahrnehmungsweise. – Drittens geht es mir nicht um eine Rekonstruktion mythischer Wahrnehmensweise, sondern um den Nachweis, daß es sie heute noch gibt, und die These ist, daß christliche religiöse Identität wesentlich auch mit dem Leben in dieser Art von Wirklichkeit gegeben ist. Der Blick ist auf die Zukunft, nicht auf die Rekonstruktion von Vergangenem gerichtet.

Konkretionen

Wie das Wort übergreift

Als man Petrus und Johannes hatte gehen lassen, kamen sie zu den Ihren und berichteten, was die Hohenpriester und Ältesten zu ihnen gesagt hatten. Als sie das hörten, erhoben sie ihre Stimme einmütig zu Gott und sprachen: Herr, du hast Himmel und Erde und das Meer und alles, was darin ist, gemacht, du hast durch den heiligen Geist, durch den Mund unseres Vaters David, deines Knechtes, gesagt (Psalm 2,1.2):»Warum toben

die Heiden, und die Völker nehmen sich vor, was umsonst ist?
Die Könige der Erde treten zusammen, und die Fürsten versam-
meln sich wider den Herrn und seinen Christus.« Wahrhaftig,
sie haben sich versammelt in dieser Stadt gegen deinen heiligen
Jesus, der dir gehorcht und den du gesalbt hast, Herodes und
Pontius Pilatus mit den Heiden und den Stämmen Israels, zu
tun, was deine Hand und dein Ratschluß zuvor bestimmt hatten,
daß es geschehen solle. Und nun, Herr, sieh an ihr Drohen und
gib denen, die dir gehorchen, die Kraft, freimütig dein Wort zu
verkünden. Strecke deine Hand aus, daß Heilungen, Zeichen
und Wunder geschehen durch den Namen deines heiligen Jesus,
der dir gehorcht. – Und als sie gebetet hatten, erbebte die Stätte,
wo sie versammelt waren; und sie wurden alle vom heiligen Geist
erfüllt und redeten das Wort Gottes mit Freimut. (Apostelgeschichte 4,23–31)

Not lehrt beten. Hier sind zum ersten Mal nach Ostern Christen in Not. Ihnen war gegen Strafe verboten worden zu reden. Denn sie hatten im Namen Jesu geheilt. Nichts Gutes
ahnte man von denen, deren Meister so ungerecht umgekom-
men war. In ihrem Gebet sehen die Christen ihre Situation im
Lichte eines doppelten Vorbildes: Nach Psalm 2 wird der
Herr und sein Gesalbter bedroht von den Heiden, die all ihre
Wut gegen sie sammeln. Diesen Psalm bezieht die Gemeinde
zunächst auf Jesus. Er steht so zwischen Herodes und Pontius
Pilatus, wie der Gesalbte nach Psalm 2 von Heiden umringt
ist. Und das Ganze ist ein Bild für die Situation der Gemeinde jetzt. Sie ist von Feinden umringt wie Jesus, wie der
Gesalbte nach Psalm 2.
Denn die neidischen Mitmenschen können nicht ertragen,
daß einer anders ist als sie. Christen sollen bestraft werden,
weil sie Menschen heilen. Denn sie könnten so Anhang gewinnen und der Obrigkeit gefährlich werden. Wer Menschen
für sich gewinnt, ist immer verdächtig.
Was beten Christen in dieser Situation? Worum kann man da
sinnvollerweise beten? Vielleicht um die eigene Errettung, um

114

die Bestrafung der Feinde? Doch überraschend lautet das Gebet: *Sieh an ihr Drohen und gib denen, die dir gehorchen, die Kraft, freimütig dein Wort zu verkünden. Strecke deine Hand aus, daß Heilungen, Zeichen und Wunder geschehen durch den Namen deines heiligen Jesus, der dir gehorcht.* Die Gemeinde weicht also keinen Schritt zurück. Die Themen des Gebets sind Freimut und Wunder, beides demonstrative Zeichen. Die Christen sorgen sich nicht um sich, sondern nur um die Wirkung nach außen.

Das Erstaunlichste ist indes: Das Gebet erhält eine Antwort. Der Ort, an dem die Christen versammelt sind, erbebt, und die Christen werden vom Heiligen Geist erfüllt. Gott antwortet durch Erdbeben – das ist ein Stück nach dem Herzen der frühen Christen. Denn wenn Gott und Mensch eins und einig werden im Glauben, dann hat das unmittelbar Folgen für die Schöpfung ringsum. Das ist der Glaube, der Berge versetzt und Bäume, der Kranke heilt und auf dem Wasser gehen läßt. Das ist das Einigsein mit Gott, das sogar Auferstehung bewirkt. Denn Gott ist und bleibt der Schöpfer. Und wenn er im Spiel ist, bleibt die Schöpfung nicht unberührt, wird sie hineingezogen in die magnetische Anziehung seiner Gegenwart. Hier liegt etwas, das viele Worte und Taten Jesu wie unterirdisch verbindet. Leicht ist auch dieses erkennbar: Auferstehung ist wie ein Ziel und Fluchtpunkt dieses Glaubens. Denn Materie wird einbezogen in den Geist und sein Gesetz. So auch schon bei der Speisung der Massen durch Jesus. So wie Geist und Freude durch Teilen nicht weniger werden, sondern mehr, ganz rasend viel mehr, so geschieht es auch mit dem Brot. Durch Teilen wird es mehr. Die Gesetze der Materie wirken bleiern schwer. Jesus weiht diese granitene Härte auf. Angesichts seines Wortes wird die Materie weich. Auch Jesus selbst hat ja schon (siehe Seewandel) einen besonderen Leib.

So gilt auch für unsere Erzählung: Materie ist nicht mehr das, was sie zuvor war. Die Erde wird zum Resonanzboden der Zuwendung Gottes zu den Menschen. Bei den Heilungen geschieht es am Körper des Menschen, hier greift es über auf die unbelebte Materie. Das Wirken Gottes macht die Wände zwischen den Dingen durchlässig.

Ähnlich auch bei der Schöpfung durch das Wort. Denn durch das bloße Sagen entsteht materielle Wirklichkeit. Das Wort greift über, hat greifbare Konsequenzen. Was wir immer ersehnen, daß Worte nicht leerer Schall sind – hier geschieht es. Wir denken dabei oft nur an die verdächtige Kehrseite, an Zauberei. Aber das positive Urbild vergessen wir darüber. Jeder Zauber ist nur schwacher Abglanz von Jesu Wort, ist nur hilf- und aussichtsloses Nachäffen.

Daß die Welt aus Gottes Wort erschaffen wurde – das ist die Sicht von Menschen, die wußten, was Beten ist und was Gebet vermag. Denn Gebet ist nichts anderes, als daß wir uns hineinsprechen in Gottes Wirklichkeit, uns öffnen für sein Wort und dessen Macht.

Die frühen Christen erfahren die Wirkung ihres Gebetes auch an sich selbst. Die Todesängste, die sie zittern ließen, werden überwunden, sie vollbringen Heilungen. Der Heilige Geist hebt auch hier die Grenzen auf, indem er sie stärkt und ihnen Kraft zum Wunder gibt. Das Lebensgesetz des Geistes ist die Freiheit. So macht er auch diese Menschen frei in aller Bedrängnis. Heiliger Geist und Kraft zum Widerstand – das kennen wir auch von jenem Pfarrer, in dessen Pfarrgebiet die Berliner Reichskanzlei Hitlers lag und der dem »Führer« Postkarten schrieb, mit denen er gegen die Greuel der Nazis protestierte.

Aber Gebet ist noch mehr, nämlich unaufhörliche Annäherung an Gottes Schöpfungswort. Kraft nicht nur zum Widerstand, auch zur Verwandlung. Wenn die Welt durch Gottes Wort geworden ist, dann bedeutet Gebet, an diesem Wort immer mehr teilzuhaben, einzudringen in das Geheimnis der Welt und in die Kraft jeglicher Verwandlung. Denn das ist die Botschaft des Neuen Testaments: Der Schöpfer ist uns viel näher gekommen, als wir uns das überhaupt vorstellen können. Daher sind die Worte unseres Betens und Bekennens

nicht graue Theorie, sondern wie Segnen und Verheißen, wie
Schwören und Geloben, wie Rufen und Singen.

Gott schenke uns Mut, daß wir uns einlassen auf dieses ver-
wandelnde Geheimnis. Hier schlummert auch die Kraft zu
wahrer und notwendiger Rebellion. Gott verwandle unsere
Ohnmacht in Mut.

Wunder als reine Unmöglichkeit (Speisungsberichte)

In jenen Tagen war wieder eine große Menschenmenge bei Je-
sus. Sie hatten nichts zu essen. Da rief Jesus die Jünger und
sagte ihnen: Mir tut es weh, daß die Leute schon drei Tage bei
mir sind und nichts zu essen haben. Wenn ich sie hungrig nach
Hause schicke, sterben sie auf dem Weg. Einige von ihnen sind
von weit her gekommen. Seine Jünger erwiderten ihm: Wie soll
jemand sie hier in der Wüste mit Nahrung versorgen können?
Jesus fragte sie: Wie viele Brote habt ihr? Die Jünger: Sieben.
Und Jesus ließ das Volk auf dem Erdboden lagern. Dann nahm
er die sieben Brote, sprach das Dankgebet, zerteilte sie und gab
sie seinen Jüngern zum Verteilen. Und die verteilten die Brote
an die Menge. Sie hatten auch ein paar kleine Fische. Und Jesus
sprach das Lobgebet über ihnen und befahl, auch sie zu vertei-
len. Und die Leute aßen und wurden satt. Und sie trugen sieben
Körbe Brotreste davon. Es waren etwa viertausend Leute. Und
Jesus entließ sie. (Markus 8,1–9)

Diese Speisungsberichte, die sich in allen vier Evangelien finden (bei Markus und Matthäus sogar doppelt), sind deshalb
besonders anstößig, weil sie jeweils Widerhaken gegen eine
psychologisierende Auslegung enthalten. Denn man hätte zu
allen Zeiten einwenden können, daß Gesättigtsein für den,
der in besonderer »Stimmung« ist, auch durch eine sehr
kleine Menge Nahrung erreicht werden kann. Die Erzählungen machen diese rationalistische Erklärung unmöglich, indem sie berichten, die Menge der übriggebliebenen Stücke sei
um ein vieles größer als die Ausgangsmenge. Die »übrigge-

bliebenen Stücke« sind daher das besondere Ärgernis. Genau das hat auch schon der Evangelist Markus wahrgenommen. Denn in Kapitel 8 seines Evangeliums läßt er Jesus ausdrücklich nach der Zahl der Körbe voll übriggebliebener Brotstücke fragen und den Jüngern *daraufhin* Nichtverstehen und Verstockung vorwerfen. Was hätten sie nämlich anhand dieser Zahlen wissen oder verstehen müssen? Nichts anderes, als daß es sich hier um ein *göttliches* Wirken und Zeichen handelt.

Denn erst die absolute Überfülle – so will Markus doch wohl argumentieren – schließt jedes menschliche Handeln und jede subjektive Täuschung aus. Und daraus kann man vielleicht umgekehrt zunächst einmal auf den Sinn dieser Erzählung schließen. Ihr Sinn und ihr Thema ist offenbar die strikte Unvorstellbarkeit selbst. Denn wo jede menschliche Möglichkeit ausgeschlossen ist, kann es sich nur noch um das überreich segnende Tun Gottes selbst handeln.

Die moderne Auslegungsgeschichte bezeugt in der moralischen bis sozialethischen Umbildung dieser Erzählung ein vergebliches Bemühen, ihrer angeblich verborgenen Rationalität auf die Spur zu kommen. Gerade diese Auslegungen aber verfehlen sichtlich ihren Sinn. Das hier Geschilderte *soll* unvorstellbar sein. Daher ist auch hier – anders als bei den Krankenheilungen und Exorzismen, die die Jünger, wenn auch unter bestimmten Bedingungen, durchaus nachmachen können – jede Nachahmung völlig ausgeschlossen. Nein, wer so segnen kann, in dem ist Gott selbst gegenwärtig.

Von daher ist auch jede gutgemeinte Antwort auf die Frage, auf welcher Wirklichkeitsebene diese Erzählung wahr sein könnte, vergebliche Liebesmühe. Es bleibt nur dies: Es ist die Art des in Jesus anwesenden Gottes, sich Verschwendung gefallen zu lassen (wie bei der Salbung Jesu) und Verschwendung zu schenken (wie in den sogenannten Mengenwundern). Begreifen kann und soll das niemand. Die Verschwendung selbst ist eben in jeder Richtung Wasserzeichen des Wirkens dieses Gottes.

Die absolute Überfülle des Segens wird noch deutlicher im Kontrast zu den geradezu peniblen Aussagen (in Markus 6,40) über die Wiederholung der Lagerordnung nach 2 Mose 18,21.25, indem Gruppen zu hundert und zu fünfzig gebildet werden und Jesus wie bei einem ordentlichen Mahl segnet, zum Himmel aufblickt und das Brot bricht. Diese deutlich ordnungshaften Elemente in der Erzählung machen sichtbar: Dieser Gott ist bei aller überwältigenden Fülle des Segens doch kein chaotischer Gott. Hier geht es eben nicht zu wie in bacchantischen Umzügen.

4. Teil
Wunder contra Naturwissenschaft?

Anfragen

Frage: Es ist eine Sache, Wirklichkeit auf mythische Weise zu erleben (Fest, Segen), aber eine andere, Wunder als Effekte zu »erzeugen«, die sich innerweltlich und für alle nachprüfen lassen müssen. Eine Heilung ist geschehen oder nicht, der Mediziner wird es beurteilen können. Zwischen Ja und Nein gibt es da keinen Mittelweg. Im Resultat ist Heilung durchaus ein hartes Faktum. Hilft also der Verweis auf mythisches Denken wirklich weiter?

Antwort: Wir müssen, wie oben schon geschehen, unterscheiden zwischen weichen und harten Fakten. Die oben angedeuteten Unterschiedlichkeiten in der Landschaft der Wunder werden hier deutlich sichtbar. Denn da gibt es Dinge, die zumindest im Resultat auch außerhalb mythischer Wahrnehmung zugänglich sind (zum Beispiel daß ein zuvor Gelähmter wieder gehen kann), und andererseits Phänomene und Ereignisse, die nur die »Zeugen« sehen, wie etwa die Himmelfahrt Jesu. Hier ist sorgsam zu unterscheiden.

»Weiche« Fakten

Beispiele: Daß Jesus auf dem Meer gehen kann oder daß Jesus auferstanden ist, dies sind nach den Aussagen des Neuen Testament selbst Erfahrungen von Jüngern oder Feinden, also jedenfalls qualifizierte Erfahrungen. Diese weichen Fakten liegen auf der Ebene der mythischen Wahrnehmungen. Sie werden von »normalen« Zeitgenossen in nördlichen Breiten – anders als Gesund- oder Lebendigsein – in der Regel nicht gemacht und sind nicht zugänglich. Sie sind als eigene, in sich geschlossene Größe im Zusammenhang unserer Überlegungen leichter verständlich. So wird in der Apostelgeschichte bei der Bekehrung des Paulus ausdrücklich gesagt, er allein habe den Herrn sehen können.

Das alles besagt nichts gegen Faktizität überhaupt, nur ist es für uns (aufgrund unserer Begrenztheiten – nicht aufgrund unseres Fortschritts) nicht möglich, dieses wahrzunehmen. Jedenfalls denken wir es, unser Erwartungshorizont ist so ausgerichtet.

»Harte« Fakten

Bei den Heilungsgeschichten jedoch geht es an der Ziellinie durchaus um *harte* Fakten. Es ist geradezu Merkmal dieser Wunder, daß sie zwar aus einer bestimmten Weltsicht und Lebenspraxis geboren werden, aber *im Resultat feststellbar sein müssen*. Denn selbstverständlich ist jemand nicht für die Augen der Glaubenden geheilt, für die der anderen aber noch krank.

Die Frage ist nur, wie es dazu gekommen ist. Bedeutet »Wunder« einfach eine andere Kausalität? Wird hier die übliche Entstehung von Fakten (durch physikalische, chemische, nervliche, psychologische usw. Ursachen) ersetzt durch eine andere?

Hier taucht das Gespenst des Fundamentalismus auf. Allerdings wird es ein Gespenst bleiben. Denn nach biblischem Verständnis geht es nicht um eine Durchbrechung der Kausalität. So etwas steht gar nicht im Blick, da das Prinzip Kausalität selbst jedenfalls zur Zeit des Neuen Testaments als Phänomen unbekannt ist. Wo zeitgenössisch keine naturwissenschaftliche Erklärung gesucht wurde, konnte eine solche auch nicht torpediert werden. Was das Wunder von anderen Ereignissen unterscheidet, sind vielmehr scheinbar äußerliche Elemente: die Geschwindigkeit, das Überwältigende (Macht, Menge) und der unvergleichlich geringe Aufwand.

Damit sind irgendwelche Wege natürlicher Kausalität auch für unser heutiges Verständnis nicht ausgeschlossen. Entscheidend für das Wunder ist die überwältigende Art, in der bei Wundern Gott, der auch hier der Schöpfer ist, erfahren wird. Wunder hat daher mehr mit Bekehrung zu tun als mit dem Überspielen oder Ausrangieren von Naturgesetzen.

Im Bereich des mythischen Erfahrens von Wirklichkeit können aus folgendem Grund harte Fakten entstehen: Der Leib wird hier nicht als fest umschriebene Größe erfahren, sondern als sehr sensibler Daseinsraum. Das ist, wie wir sahen, auch die Voraussetzung dafür, daß sich am Rande dann harte Fakten auskristallisieren können.

Wunder contra Naturgesetze?

Anders als für die Menschen zur Zeit des Neuen Testaments kennen wir eine Fülle quasi-gesetzlicher Mechanismen im Bereich dessen, was die Naturwissenschaften untersuchen. Wir verlassen uns ständig auf sie, auch zur Heilung von Krankheiten, vom Armbruch bis zur Psychose.

Aber daß Wunder und Naturgesetze in einem Gegensatz zueinander stünden, ist dennoch ein Märchen, und zwar eines von minderer Qualität. Natürlich spreche ich jetzt als Christ und Theologe, aber für mich gilt: Der eine Gott aller Wirklichkeit wird kaum sich selbst widersprechen und sich selbst ein Bein stellen. Vielmehr gilt:

Entsprechend den oben dargestellten verschiedenen Zugängen zur Wirklichkeit wird Gott auch auf den verschiedenen Ebenen anders »erfahren«. So könnte etwa im Bereich der Natur Gott erfahren werden als die Rationalität ihrer Ordnung. Schon die alttestamentliche Weisheit hat dieses mit großartiger Konsequenz erfaßt. Gott ist der Inbegriff dessen, daß alles, was ist, in logischer Ordnung zueinander steht, daß

Ursache und Folge besteht. – Im Bereich mythischer Wahrnehmung dagegen wird Gott erfahren als der, der den Menschen aus seiner *incurvatio* auf sich selbst befreit. Dieses schöne augustinische Bild bezeichnet die Selbstverkrümmung und Selbstverkrampfung des Menschen. Wir hatten das oben in dem Abschnitt über Gottes Wirken dargestellt. – Auf der Ebene der Ästhetik mag Gott als der Herrliche und die Schönheit als Abglanz seines Glanzes erfahren werden. Das ist nicht verrechenbar mit dem Gott der Ordnung.

Jeweils nun die Ebene, die vom Menschen berücksichtigt, gefördert, entdeckt oder verstärkt wird, kann ihr Wirksamkeitspotential besonders entfalten. Das heißt: Wenn ich den Bereich, in dem Biochemie gilt, durch entsprechende Medikamente fördere, werde ich wohl nur im Rahmen dieser Gesetze Wirkungen erwarten können. Ebenso verhält es sich mit den Regeln der Psychologie, ähnlich aber auch mit Glauben und Gebet im Bereich der mythischen Wirklichkeit. Wenn man allein diesen Bereich beachtet und ihn verstärkt, dann kann man gegebenenfalls Wunder erleben. Von daher erklärt sich zum Beispiel die schon oft erwähnte Abhängigkeit des Wunders vom Glauben. Wer sich eben nur an die Chemie hält, kann keine »Wunder« erwarten. Was jeweils stärker gefördert wird, das »wirkt« auch stärker.

Wir wissen von den Menschen im Umkreis der Bibel, daß sie im Bereich der medizinisch-wissenschaftlichen Therapie keine großen Möglichkeiten hatten. Entsprechend setzten sie ganz auf das Feld der mythisch-mystischen Heilung, wie sie in den Wundergeschichten der Bibel zum Ausdruck kommt.

Daß es auch in diesem Bereich eine eigene Erfahrung, ja »Heilkunst« gab, zeigt die Bemerkung in Markus 9,29 über den (anfangs) mißlungenen Exorzismus der Jünger: *Diese Art* (von Dämonen) *kann nur durch Gebet und Fasten vertrieben werden.* (Die Wörter *und Fasten* fehlen in einigen wichtigen alten Handschriften.) Aber auch der Jakobusbrief (5,14f) nennt fast so etwas wie eine geregelte liturgische Abfolge für den Fall der Krankheit: Es müssen die Ältesten (der Gemeinde!) gerufen werden, sie sollen beten und den Kranken mit Öl salben und dabei den Namen des Herrn nennen. Das Gebet soll sich auf Sündenvergebung beziehen.

Offenbar hat man im Frühjudentum und im Neuen Testament auf der Ebene von Gebet, Salbung, Exorzismus usw. Erfahrungen gesammelt, die den Umgang mit dieser Wirklichkeit betreffen. Heute dagegen sind wir fast hilflos im Umgang mit diesem Bereich; die meisten Christen wissen gar nicht, was Gebet ist. Die Esoterik-Bewegung hat genau diesen Mangel wahrgenommen und den Kirchen mit riesigem Erfolg diesen gesamten Bereich entwunden. Aus meiner Sicht ist das überaus schmerzlich, weil Esoterik in der Regel mit Neuheidentum identisch ist (was es schon zur Zeit meiner Großväter war).

Ganz sicher hat zu verschiedenen Zeiten jeweils der eine oder der andere Bereich eine Art Vorherrschaft innegehabt. In Palästina im 1. Jahrhundert n. Chr. war es die mythische Wahrnehmungsweise, heute ist es die wissenschaftlich-medizinische. Doch heute wäre eine exklusive Herrschaft eines Bereiches unklug und ärgerlich. *So ergibt sich auch von daher die Notwendigkeit, eine ganzheitliche und interdisziplinäre Therapie zu fordern.* Die entscheidende Voraussetzung ist nur, daß man sich gegenseitig die Unabhängigkeit des Forschungs- bzw. Wirklichkeitsbereichs zugesteht. Angemessen ist hier sicher eine Interdisziplinarität, die diesen Namen verdient. Das heißt: Daß man sich um die eine Ebene kümmert, schließt die Sorge um die andere keineswegs aus. Praktisch gesagt: Mit der Krankenhausseelsorgerin zu beten schließt die Verabreichung von hilfreichen Medikamenten natürlich nicht aus. Beide Bereiche, dazu noch die persönlich-mitmenschlichen (»Psychologie«) und ästhetisch-künstlerischen, stehen in einer höchst sinnvollen Komplementarität zueinander. Und daher darf man sehr wohl Gott danken, auch wenn man weiß, daß ein guter Arzt das Seine getan hat. Man darf Gott auch für einen guten Arzt danken, also dann, wenn sich die Heilung eben nicht durch ein Wunder vollzogen hat.

Denn alle Ebenen oder Wirklichkeitsbereiche haben je auf ihre Weise mit Gott zu tun und sind in all ihrer Gegensätzlichkeit doch darin eins.

Es handelt sich hier keineswegs um eine latente Bewußtseinsspaltung. Der Christ weiß, daß Gott auf allen Ebenen wirksam ist, nur auf jeweils verschiedene Weise. Im Bereich der naturwissenschaftlichen Therapie ist er, wie schon die alte Weisheit sagte, wirksam als der Garant ihrer Ordnung. Im Bereich mythischer Erfahrung ist er wirksam als der Herr der Geister und als Befreier, weil er der einzige ist und von der ängstigenden Vielheit der Mächte befreit. *Im Wunder wirkt Gott zu den Bedingungen dieses Bereiches mythisch-mystischer Erfahrung.*

Wir nennen diese Erfahrung mythisch, weil hier die oben geschilderten Regeln der »konzentrierten Wirklichkeit« gelten, wir nennen ihn mystisch, weil es sich um Kontakt mit den »Personen« der unsichtbaren Welt handelt, auch wenn sie durch Boten (zum Beispiel Apostel im Neuen Testament) vermittelt sind.

Fast kann man von Regeln sprechen, die in diesem mythisch-mystischen Bereich bei Wundern gelten: Da ist zum Beispiel die Plötzlichkeit, oder daß ein Wunder sich zumeist in der Anfangsphase der (Neu-)Bekehrung ereignet, oder die Art, in der es mit Fasten und Gebet verbunden sein kann.

Im Neuen Testament werden die Wunder oft nicht nur um ihrer selbst willen erzählt. Die Ausstrahlung der Wunder, die in ihnen demonstrierte Vollmacht Jesu, geht weit über den engeren Bereich des geheilten Patienten hinaus. Oft wird sichtbar, daß Jesus mit dieser Vollmacht auch Probleme der frühen Gemeinde allgemein lösen kann, zum Beispiel die Vergebung der Sünden (Markus 2,1–12), die Aufhebung der Grenzen zwischen Juden und Heiden, den Herrschaftsanspruch Jesu als des Kyrios, dessen Namen alle anrufen sollen.

Wunder contra Verstand?

Zu den schlechten Märchen, die als solche zu entlarven sind, gehört auch dieses: Wunder seien ihrem Wesen nach alle gleichartig, und als Theologe müsse man etwa psychosomatische Aspekte ganz aus der Diskussion herauslassen. Im Grunde geht es um die Frage, ob man die »Wunder« für sich als übernatürlichen Bereich abschirmen darf.

Nach meinem Eindruck darf man in dieser Hinsicht die Wunder nicht über einen Kamm scheren. Es gibt Wunder, die einer wissenschaftlichen Auffassung von Wirklichkeit näher stehen, es gibt solche, die ihr ferner stehen. Natürlich besagt das nichts über die Frage des Faktums. Zu denen, die näher stehen, gehören die Heilung der Blutflüssigen, auch die Heilungen von Gelähmten. Zu den anderen gehören die Speisungen, Jesu Entstehung und Auferstehung sowie sein Meerwandeln. Diese größere oder geringere Nähe zu dem, was wir für möglich halten, ist evident. Vielleicht ist es eine erste Einsicht in die Struktur dieses geheimnisvollen Bereiches der Wirklichkeit.

In einem unserem Begreifen näheren Teil dieses Bereiches gibt es offenbar noch rationale oder dem Rationalen ähnliche Strukturen. In einem entfernteren Teil geht es um die vollständige Unbegreiflichkeit. Diese Nähen und Entferntheiten ändern aber nichts daran, daß es sich in jedem Fall um Wunder handelt.

Gerade die beiden hier zuletzt gebotenen Abschnitte könnten zeigen: Es kann nicht darum gehen, an Wunder zu »glauben«, sondern sie sind Teile von Wirklichkeitsbereichen der Schöpfung, die zum Glauben in besonderer Beziehung stehen.

5. Teil
Heilung vom Heiligen her

Die heilsame Wirkung von Gottes Realpräsenz

Menschen wie die blutflüssige Frau (Markus 5,25ff) suchen Jesus zu berühren, denn es »ging eine Kraft von ihm aus«. Es handelt sich dabei um elementare Erfahrungen des Heiligen.

Wunder werden hier verstanden als Auswirkung der Gegenwart des Heiligen in der Welt.

Dabei ist genauso an »das« Heilige wie an »den« Heiligen zu denken, wie denn Jesus nach Markus 1,24 der »Heilige Gottes« genannt wird. »Heilig« ist, wer oder was ganz zu Gott gehört. Im Unterschied zu der bei den Pharisäern herrschenden Auffassung ist die Heiligkeit Jesu nicht ängstlich zu bewahren, sondern sie strahlt aus, ist offensiv. Das heißt eben: Sie macht gesund.

In Gestalt der heilenden Berührung (Gebet und Handauflegung), der Wallfahrt zum heiligen Ort (analog der zum Tempel nach Jerusalem) und der heilenden Kraft des Buches der Bibel und der Elemente des Abendmahles lebt dieser Glaube intensiv in der Kirchengeschichte fort. Aber auch heilige Zeiten (zum Beispiel der Tag eines bestimmten Heiligen) erhalten besondere heilende Bedeutung.

Man kann sagen: Die Wunderheilung ist wie ein Schock. Diesen Schock erlebt man, wie wenn man in ein Heiligtum hineinstolpert. Dem ortsunkundigen Besucher passiert das in den großen alten Städten des Südens öfter: Mitten im Häusergewirr öffnet sich hinter einer unscheinbaren Tür ein Raum mit einer »Atmosphäre«, von der er sonst nur träumen könnte.

Das Heilige in der Welt

Sowohl Jesus (Johannes 2,21) als auch die Gemeinde (1 Korinther 3,16) als auch der einzelne Christ (1 Korinther 6,15) werden als »Tempel«, das heißt als Heiligtum, als heiliger Ort Gottes in der Welt verstanden.

Das bedeutet: An bestimmten Orten und in bestimmten Menschen wird die Gegenwart Gottes in der Welt wahrgenommen. Sie ist keine Allgegenwart, sondern in ihrer Wirkmacht auf diese besonderen Zonen oder Menschen beschränkt, in denen die menschliche Normalität durchkreuzt und unterbrochen wird. Denn der Heilige gehört allein Gott, bestimmte Dinge tut er nicht (zum Beispiel heiratet Jesus nicht, und auch manche Christen verzichten nach 1 Korinther 7,34 auf die Ehe).

Wie bei aller Unterbrechung durch das Heilige, so wird auch hier besondere Kraft als Ausstrahlung erwartet. So ist der Sabbat Ruhetag und zugleich der Tag, an dem man bei dem, der ganz anders ist, bei Gott, neue Kraft schöpfen kann. So gab es Juden, die am Sabbat oder am heiligen Ort Jerusalem auf Geschlechtsverkehr verzichteten, um danach und andernorts um so reicher mit Fruchtbarkeit gesegnet zu sein. Immer ist die Unterbrechung, das, was Gottes Namen trägt, wie eine mächtige Kraftquelle für das übrige Leben. Auch von den heiligen Zeiten des Fastens oder vom Fasten heiliger Menschen ist das bekannt. Oft ist die Unterbrechung Signal für den Neubeginn, den man sich schenken läßt. Heiligkeit hat daher nichts mit Werkgerechtigkeit zu tun, im Gegenteil. Die Unterbrechung des Üblichen dient auf allen Ebenen dazu, sichtbar werden zu lassen, daß von Gott her alles neu geschenkt wird.

Die Gegenwart des Heiligen in der Welt bedeutet daher stets Segen. Zwar ist das Heilige oder der Heilige ausgegrenzt, aber doch nur in bestimmter Hinsicht. Es gibt so etwas wie eine Durchlässigkeit (Osmose) vom Heiligen her auf den Rest, der dadurch geheiligt wird. Man könnte es auch Stellvertretung

128

nennen. Diese Dimension ist für das Wunder ganz wichtig. Der oder die zu Gott gehörige Heilige wirkt durch seine oder ihre Heiligkeit Segen für alle anderen.

Weil die Wunder in der Regel segensreich sind, kann man sagen: Sie sind sichtbare Konsequenzen der Gegenwart des Heiligen in der Welt. Diese Gegenwart ist nach dem Neuen Testament streng an Jesus und an den Heiligen Geist gebunden, aber auch daran, daß Menschen geheiligt sind, über denen der Name Gottes aus- und angerufen ist, wie bei der Taufe nach Matthäus 28,19.

In der besonderen Konsequenz des Segens liegt auch dieses: Eine Trennung zwischen Personen und Sachen, zwischen Geist und Natur gibt es noch nicht. Der Segen greift vom Ort des Heiligen her über auf Menschen, Tiere und Dinge. Dem entspricht, daß es bei dem Heiligen stets um eine physische Gegenwart geht.

Das Heilige heute

Ich denke bei diesem Stichwort an den evangelischen Pastor, der seiner Landgemeinde den Alkoholismus abgewöhnen wollte, der streng mit seiner Gemeinde war und dem ein paar Jugendliche deshalb nächtens etwas antun wollten; aber als sie ihn sahen, brachten sie es dann plötzlich nicht übers Herz, waren wie gelähmt. Ich denke an die überraschend große Wirkung von Fronleichnamsprozessionen in der Nazizeit und in Großstädten heute. Auch die Hinrichtungsstätte der Nazis in Berlin-Plötzensee fällt mir ein.

Immer geht es um ein physisches Gegenüber, um eine Größe, die wir uns nicht selbst einreden oder zusprechen können. Aber auch Hymnus, Lied, Gebet und Kontemplation greifen tief in das ein, was für den Betrachter, Sprecher oder Sänger Wirklichkeit ist. Auch diese Dinge sind ja nicht »von ihm«, und das Neue Testament sagt das auch über das Gebet. Es geht wie um sprachliche Gehäuse, Flöße, denen man sich anvertraut.

Gegenwart Gottes als Ärgernis

Die Kraft des Wunders haftet nach den Aussagen des Neuen Testaments an einer Gegenwart Gottes in der Welt, die die Menschen mehrheitlich nicht wollen. Die Gegenwart Gottes in der Welt ist daher nicht nur segensreich (für einige), sondern auch ein Ärgernis (für die meisten). Alle vier Evangelien schildern die Anwesenheit Jesu, des »Heiligen Gottes«, in einer Welt, die ihn nicht will. Denn Jesus ist von Gegnern umgeben, die von seiner Familie über die maßgeblichen Gruppen im Judentum bis hin zum Hohenpriester reichen, von Judas bis zu den Römern. Seine Feinde sind auch Krankheiten und Dämonen. Er überwindet die Feinde durch Exorzismen und Heilungen und widerlegt die Gegner durch seine Auferstehung. Immer also sind es charismatische Machterweise, die ihn ins Recht setzen.

Wir halten fest: Die Menschen fühlen sich durch die Gegenwart Gottes gestört, die doch Angebot des Segens ist.

In der modernen Theologie hat man den Ort des christlichen Ärgernisses in der Regel an anderer Stelle gesehen, und zwar mit Bedacht. Man spricht von der Dialektik von Kreuz und Auferstehung und meint damit: Unter den Bedingungen der bestehenden Welt ist Christentum nur als Kreuz erfahrbar, das heißt: als Niedrigkeit, Leiden, Ohnmacht und Glanzlosigkeit. Nur der Glaube behaupte, dies alles habe eine Kehrseite. Denn vor Gott sei das Niedrige erwählt, der Gekreuzigte sei der Auferstandene usw. – Der Glaube zielt dann nur auf das, was man »kontrafaktisch« nennt. Es ist klar, daß die Erfahrung von Wundern in dieser Lehre keinen Ort hat. Das einzige Wunder, das man zugeben kann, ist der Glaube selbst. Hier wird – aus meiner Sicht – eine in sich durchaus schlüssige Theologie betrieben. Aber es ist eine Theologie ausschließlich zu den Bedingungen der Moderne, nämlich des Rationalismus. Die neutestamentliche Auffassung von Wirklichkeit ist freilich versunken. Denn die Welt ist vollständig profan, es gibt keine Realpräsenz Gottes in der Welt. Wunder und charismatische Gaben fallen gemeinsam dem Verdacht des (fundamentalistischen) Mirakelglaubens anheim.

Im Neuen Testament gibt es durchaus eine Dialektik von Niedrigkeit und Hoheit, und zwar als die von Dienen und Führen. Wer allen dient, ist der erste von allen. Das gilt »vor Gott« und in der allein maßgeblichen Wirklichkeit. Was andere bei Kreuz und Auferstehung annehmen, das gilt hier, nämlich die Kehrseite des Augenscheins. Wer glaubt, begreift die wahre Wirklichkeit. Die wahren Maßstäbe sind den scheinbaren entgegengesetzt. Es gibt keine Unterschiede zwischen Heilig und Profan. Die lückenlose Weltlichkeit alles Christlichen ist die Folge; Wunder passen dann nicht oder sind nur symbolisch zu nehmen. Denn wenn die »reine Paradoxie« gilt, muß das Recht der Wirklichkeit Gottes nirgends sichtbar gemacht werden. Wunder anzunehmen heißt dagegen, wenigstens mit Spuren der himmlischen Welt in der unseren hier zu rechnen.

Anders bei der Gegenwart Gottes im Heiligen und dessen Auswirkung im Wunder: Hier geht es nicht um die richtige Erkenntnis, sondern um die segensreiche Kraft des Lebens. Ob es sich um falsche, zauberische Wunder handelt oder um echte, das zeigt sich eben in der physischen Wirkung, im einen Fall Leben, im anderen Tod.

Ärgerlich an den Wundern ist, daß sie nicht Lehre sein wollen, sondern leiblich sind. Daher ist die Bemerkung, Lazarus sei bereits vier Tage im Grab und »stinke schon«, durchaus als Provokation gedacht. Gerade hierin liegt die Zumutung. Ohne daß sie die Dimension der Leiblichkeit erreichte, wäre Jesu Predigt harmlos und vernünftig. Aber der Leib ist der Ort, an dem Gott den Menschen anspricht, an dem er ihn verbindlich fordert und dem die Verheißung gilt.

Wir halten fest: Nirgends ragt Gottes Gegenwart und Wirklichkeit so provokativ in unsere Welt hinein wie in der Leiblichkeit der Wunder. Und umgekehrt zeigt die Erzählung vom Seewandel, wie der Mensch Jesus in die Welt der unsichtbaren Mächte hineinragt. In jedem Falle gilt: Die Regionen, Räume oder Bereiche der Welt bestehen nicht für sich, vielmehr sind die Grenzen zwischen Mensch, dem Gott des Himmels und den Mächten durchbrochen. Gott erhebt seinen Anspruch auch für die profane Weltlichkeit und setzt ihn durch. Daß es sich nur um Spuren handeln kann, sagt das Neue Testament selbst, wenn es vom Senfkorn spricht, dem trotz seiner Kleinheit die Zukunft gehört. .

So wird Gott dort leibhaft wirksam, wo man ihn nicht haben möchte, wo er abwesend zu sein scheint. Wenn man daher seit dem 19. Jahrhundert Gott zunehmend in die Bereiche des nur Geistigen »abgedrängt« hat, dann war die Konsequenz eine Beschränkung der Religion auf Vernunft und Moral. Vom Wunder zu sprechen bedeutet dagegen: Konsequenzen der Gegenwart des Heiligen anzunehmen.

Aufhebung der Unterschiede

Besonders durch den Galaterbrief des Apostels Paulus wissen wir, daß der Heilige Geist als die Gegenwart Gottes in der Welt die bestehenden Unterschiede bedeutungslos macht, seien es die zwischen Juden und Griechen, zwischen Freien und Sklaven oder zwischen Mann und Frau (Galater 3,28; daß die Unterschiede fortan ohne Bedeutung sind, bedeutet allerdings nicht, daß sie überhaupt aufgehoben seien; so bestehen die Verschiedenheiten zwischen Mann und Frau auch dann fort, wenn sie den Heiligen Geist empfangen haben). Vor allem läßt der Heilige Geist auch den Unterschied zwischen Gott und Mensch bedeutungslos werden, denn er macht Menschen zu Gottes Kindern.

Ähnlich können auch die Wunder die Grenzen überwinden. Aus diesem Grunde gibt es nicht die klassischen Grenzen zwischen Materie, Nahrungsmittel, Leib und seelischem Leben. Deshalb gilt ab jetzt der Grundsatz »geteilt ist verdoppelt« nicht nur für Geist und Freude, sondern auch für Brote (Speisungsgeschichten), und deshalb sind im Erweis des Wunderzeichens die Unterschiede zwischen Gott und Mensch bedeutungslos (Jesus kann auf dem Meer gehen), kann Jesus in seinem Vollmachtswort dem toten Leib wie einem lebendigen befehlen (»Mädchen, steh auf«, »Lazarus, komm heraus«), kann der Gelähmte der Aufforderung Jesu nachkommen wie ein Gesunder (»Steh auf, nimm dein Bett und geh«, »Strecke deine Hand aus«).

Diese Logik ist in den Wunderberichten mit grandioser Konsequenz »durchgespielt«. Denn weil Jesus, der Heilige da ist, verblassen die Einteilungen, die sonst die Welt ordnen in solche, die hören können, und solche, die es nicht können (Tote, Taubstumme, Berge, Bäume). Daher gibt es so zahlreiche Imperative in den Wundererzählungen, wie denn auch zeitgenössische jüdische Texte die Schöpfung als Resultat des Hörens auf Gottes befehlendes Wort darstellen.

Dieser Punkt ist so bedeutend, daß einzelne Wunderberichte als Resultat des Wunders Jesu genau dasselbe darstellen, was anderswo der Heilige Geist auf anderem Wege bewirkt: die Aufhebung der Schranken zwischen Juden und Heiden. So ist es bei der Heilung der besessenen Tochter der Kanaanäerin und bei den Wunderberichten, die Markus aus dem heidnischen Gebiet der Zehnstädte erzählt (Markus 5–8).

Die oben geschilderte Spannung zwischen medizinischen und symbolischen Aspekten einer Wundererzählung hat am Ende hier ihre Ursache: Angesichts der Gegenwart Gottes sind die Übergänge fließend geworden. Das gilt selbst für den Bereich der Metaphern (Fischer – Menschenfischer): So kann der reiche Fischfang direkt mit dem Fischen von Menschen verbunden werden (Lukas 5,1–11). Wo die Überfülle des einen ist, kann auch die des anderen sein. Die Gattungsunterschiede sind nicht mehr wichtig.

Heiligtum und Vergebung

Der Ort des Heiligen ist der Ort der Vergebung. In Griechenland wie in Israel und bis in unsere Tage hat sich diese Auffassung darin gehalten, daß am heiligen Ort Asyl gewährt wird. Wer sich dem Heiligen ganz anvertraut, erhält Vergebung. Von daher ist begreiflich, weshalb nach Markus 2,1–12 derselbe, der den Gelähmten heilt, auch Sünden vergibt. Ähnlich auch in den Wundergeschichten, die mit dem Wort endigen *Sündige fortan nicht mehr* (Johannes 5,14).

Ansteckung: Man sagt, daß das Christentum »ansteckende Freude« sei. Angewandt auf unser Thema heißt das: Im Heiligtum bzw. beim Heiligen ist die Welt auf ansteckende Weise »in Ordnung«. Die Liturgie – als Handlung im heiligen Raum – stellt die Weitergabe heiligen In-Ordnung-Seins realsymbolisch dar. (Ich denke mir das Verhältnis von Liturgie und Welt wie das von Sauerteig und Brot.)

Was die Wunder betrifft, so ist mit dieser Ansteckung genau das gemeint, was Jesus von den Pharisäern unterscheidet. Es gibt einen elementaren Zusammenhang zwischen Jesu »ansteckender« Reinheit und seinen Wundern. Denn so wie er Unreines nicht fürchten mußte, sondern es offensiv rein machte, so strahlte seine Reinheit aus auf alle, die aussätzig, tot, blutflüssig oder von unreinen Geistern besessen waren. Diese Art von »siegreichem« Vordringen und Überwinden aller trennenden Unreinheit ist wesentlich für sehr viele Wundererzählungen. Dieser Siegeszug ist mit dem Vorgang der Mission identisch, und umgekehrt ist Mission immer Überwindung dieser nicht nur intellektuellen, sondern »tiefer« und grundsätzlicher angelegten Barrieren.

Jesus als wandelndes Heiligtum: Für die Menschen im alten Israel ist das Heiligtum Stätte des Segens und der Heilung. Der Tempel ist in diesem Sinne Tabu-Bereich und Ursprung des Lebens. Auf diese besondere Weise ist er in das Leben eingebunden, ja für das Alltagsleben »nützlich«.

Wenn Jesus schon nach Johannes 2,19–21, also ganz zu Beginn des Evangeliums, vom Tempel seines Leibes spricht, gibt er an, woher die Wunder kommen, die er wirkt. Er selbst ist der Tempel, der dieses Leben ausstrahlt. So werden die Wunder, die Jesus tut, von einem einheitlichen Ursprung her verstanden. Hier ist wieder an das Bild vom Zentrum der Rosette in gotischen Domen zu erinnern. Diese Begründung der Wunder in Jesus als dem Tempel hat diese aktuelle Bedeutung: Jesus ist wie ein Gefäß für Gott, Ort der besonderen Anwesenheit Gottes. Darin liegen alle Aussagen über Jesus beschlossen, so können es auch Juden und Moslems verstehen. So werden auch die Wunder begreiflich als ganz selbstverständliche Konsequenz der heiligen Gegenwart des heilvollen Lebens in Jesus.

Der Name Gottes: »Heilig« ist das oder derjenige, über dem der Name Gottes oder eben des »Herrn«, Jesu, ausgerufen ist. Dann gehört er Gott und steht unter seinem Schutz. So wird das gemeinsame Mahl der Christen zum Herrenmahl. So werden auch Heilungen vollbracht: »Im Namen Jesu: Sei gesund!« oder ähnlich sagen die Apostel. Der Name ist mehr als nur ein bloßes Wort. Beim Segnen wird er ausgerufen über die zu Segnenden. Auch hier gibt es daher einen Zusammenhang zwischen Segen und Wunder.

Dimensionen des Heiligen – neu entdeckt: In der jüngsten Gegenwart entdeckt man auch bei uns wieder die Zusammenhänge zwischen Askese (zum Beispiel Fasten) und Heilung, zwischen Verzicht auf menschliches Eingreifen (im Tabu-Bereich, zum Beispiel bei Entstehung oder Vergehen des Lebens) und Behebung von Krankheiten, zwischen Wallfahrt (zu heiligen Orten) und Gesundwerden.

Gewissermaßen noch vor solcher Wiederentdeckung steht der Zusammenhang zwischen Sabbat(Sonntags-)ruhe und Heilung, obwohl er von den frühchristlichen Heilungsberichten her bekannt sein sollte. Denn der Sabbat ist als der Tag, der Gott gehört, für das frühe Christentum der Tag der Heilungen. Ganz anders, als die Gegner Jesu meinten, sind die Sabbatheilungen nicht Übertretung des Arbeitsverbots durch

135

Jesus am Sabbat, sondern direkte Konsequenz der Auffassung vom Sabbat als dem heiligen Tag. Wenn alles dem Herrn gehört und der Mensch sein Handeln unterbricht, gibt er dem heilschaffenden und segnenden Handeln Gottes Raum. So wird im Namen Jesu der Sabbat von frühen Christen erfahren. Darin könnte die im wahrsten Sinne des Wortes heilsame Aktualität eines konsequent eingehaltenen Ruhetages liegen: Gott kann heilend eingreifen, wo der Mensch endlich einmal nicht alles selbst »machen« will. Die kontemplative Stille könnte nicht nur dem Hören auf das Gotteswort Raum geben, sondern auch seinem Einwirken.

Konkretion
Jesus nachts auf dem Meer

Und sogleich hieß Jesus seine Jünger mit dem Boot an das gegenüberliegende Seeufer nach Bethsaida segeln. Er selbst schickte das Volk fort und stieg auf den Berg, um zu beten. Wie es dunkel wurde, war das Boot mitten auf dem See und Jesus allein an Land. Als er sah, daß sie große Mühe hatten, gegen den Sturm zu kreuzen, machte er sich auf, morgens zur Zeit der vierten Nachtwache, und schritt einfach über das Wasser auf sie zu. Er war schon beinahe an ihnen vorüber, da merkten sie, daß er auf dem Wasser ging, und dachten, sie sähen ein Gespenst. Da schrien sie laut auf, denn sie waren alle außer sich vor Schreck bei diesem Anblick. Er aber sprach sie sogleich an und sagte: Habt keine Angst, ich bin es doch, fürchtet euch nicht. Er stieg zu ihnen ins Boot, und schon legte sich der Sturm, und ihr Erstaunen kannte keine Grenzen. (Markus 6,45–51)

Wo konnte man Jesus finden, wenn man ihn suchte – oder wenn man ihn nicht suchte? Welches war sein Element? Die Erzählungen, daß Jesus auf dem Meer gegangen sei, geben darauf eine zunächst bestürzende und schockierende Antwort: im Sturm, nachts auf dem Meer.

Nachts auf dem Meer ist es unheimlich genug. Und Schiffe hatten zur Zeit Jesu keine Lichter und Beleuchtungen. Also nichts als die wäßrige Finsternis und Tiefe um das Schiff herum und der schwarze Nachthimmel darüber, das Glucksen der Wellen am Schiff. Keine Leuchten am Ufer, die hell genug gewesen wären, die Finsternis zu erhellen. Dann aber noch Sturm, dem die Schiffsleute fast hilflos ausgesetzt sind.

Dort also, im Sturm über dem Meer, ist Jesus, wenn auch ruhig mitten darin. Der Sturm ist wie um ihn herum. Aber doch – es ist sein Ort. Dies ist keine Erzählung für Gelehrte, die mit Parallelen und mit Fußnoten die Geschichte zudecken. Es ist eine Erzählung, die erschrecken läßt. Denn dies ist der Gott Elias und Hiobs, der aus dem Sturm sich offenbart. Und vergessen wir nicht, daß auch der »Heilige Geist« Gottes nach der hebräischen Bibel ein Sturmwind ist.

Vor allem Elia steht Jesus nahe, seine Gotteserfahrung wird in Jesus wieder lebendig. An der Elia-Erzählung wird deutlich, daß der Sturm selbst Gott nur vorangeht wie ein Vorbote, der wie eine Eskorte dem Herrn vorauszieht. »Siehe, da zog der Herr vorüber, ein starker, mächtiger Sturm, der die Berge zerriß und die Felsen zerbrach, ging vor dem Herrn einher, doch im Sturm war der Herr nicht.« Erdbeben und Feuer schließen sich an, erst in einem leisen Windhauch spricht Gott zu Elia (1 Könige 19,9–13). Anders nach Hiob 38,1, wo es heißt: »Da antwortete der Herr dem Hiob aus dem Wettersturm…«

Und daß Jesus nach Markus an den Jüngern vorübergehen wollte (6,48), ist gleichfalls ein Stück Gotteserfahrung Israels. Nach 2 Mose 33,22 gibt Gott Mose Anweisungen, wie er sich verhalten soll, wenn seine Herrlichkeit vorüberzieht. Nach 34,5f zieht der Herr dann an Mose vorüber. Auch nach 1 Könige 19,11 »zog der Herr vorüber«.

Kein Zweifel: Jesus erscheint hier wie der Gott Israels. Denn auch daß er auf dem Wasser geht, ist nichts weiter als die Offenbarung seiner Gottheit. Nach allen Zeugnissen der Religionen im näheren und weiteren Umfeld kann nur Gott auf dem Meer gehen.

Meer, Nacht und Sturm sind die tödliche Bedrohung. In dieser unheimlichen Szene ist Jesus der gegenwärtige Gott. Denn wer auf dem Meer gehen kann, hat den Tod besiegt. Er ist Herr über den größten, unheimlichsten Schrecken.

Die Jünger entdecken plötzlich ihren vertrauten Meister in dieser Sturmnacht. Sie sind aufs äußerste erschrocken. Wie kann der freundliche Lehrer plötzlich in einer surrealen Szenerie vorkommen?

Das Besondere an dieser Erzählung ist: Sturm und Finsternis sind nicht nur die Vorboten Gottes, der sich dann selbst in ihrer Mitte in Ruhe befindet wie im Auge des Sturms. Nein, gleichzeitig wird er als der Herr dieser Elemente dargestellt. Er ist auch der Sieger über die finsteren Gewalten. Er schreitet darauf wie auf einem Teppich. Äußerster Schrecken und ruhige Souveränität kommen hier zusammen.

Was für eine merkwürdige Erzählung! Man sollte angesichts ihrer nicht kleinkariert nach der Historizität fragen. Eine Vision oder auch eine symbolische Erfahrung, der Verklärung Jesu ähnlich.

Die Botschaft selbst ist viel zu ungeheuerlich, und als Erbsenzähler wird man sich leicht die Finger daran verbrennen.

Die Botschaft: In Jesus ist Gott gegenwärtig, der souveräne Herr über Gewalten und Tod. Diese Gewalten sind um ihn herum sichtbar. Ohne das nächtliche Grauen, das diese Gewalten verbreiten, gibt es auch keine Erfahrung Gottes. Um zu erfassen, wer der Sieger ist, muß man wissen, was er besiegt.

Die Erzählung ist realistisch, weil das Grauen des Todes kaum zutreffender eingefangen wird als in der Not eines nächtlichen Seesturms. Nicht nur für Fischer in Galiläa kann man so das Evangelium erzählen.

Fortan wird dieses typisch christlich sein: In der kleinen Alltagswelt zum Beispiel der Fischer ist doch mit Jesus der große

Gott gegenwärtig. Ganz nah ist dieser siegreiche Gott den Menschen.

Indem bei Matthäus die Erzählung um den im Meer versinkenden Petrus erweitert wird (14,22–36), gibt dieser Evangelist eine Anwendung für die Jünger: Wenn man nur ein wenig Glauben hat, dann darf man teilhaben an dieser Kraft, die über Mächte und Tod triumphiert.

Gespensterglauben wird wieder groß geschrieben in unseren Tagen. Die sichtbar-unsichtbaren Mächte sind zurückgekehrt. Totengeister, obskure Kräfte, Mächte und diverse Engel bevölkern nicht nur die Phantasie. Daß sie wirklich sind, bezweifeln jedenfalls all die nicht, die den Esoterik-Ecken der Buchläden dreißig Prozent alles Gedruckten abkaufen. Und weil die ganze Esoterik-Welle nur Reaktion auf ein kirchliches Defizit ist und auf eine Über-Aufgeklärtheit unserer Theologie, nimmt es nicht wunder, daß der Bericht von Jesu Gehen auf dem Meer und mitten im Sturm unter den Bibelauslegern nicht viele Freunde hat. Denn dies ist eine solche »esoterische« Geschichte, oder besser gesagt: eine Erzählung für Menschen, die das Grauen vor den unbekannten Mächten kennen, die an Gespenster glauben. Denn es ist eine Begegnung der dritten Art, die hier berichtet wird. Stilecht besonders im Johannes-Evangelium: Als die Jünger Jesus ins Boot nehmen wollen, ist er selbst offenbar weg, das Boot aber ist an Land (Johannes 6,16–21). Aus der Traum. Ausdrücklich fällt das Wort »Gespenst« in den Versionen bei Markus und bei Matthäus. Allem Anschein nach ist es eine solche Begegnung.

Würden wir nicht schon erschrecken, wenn nachts im Wald eine Gestalt geradewegs auf uns zukäme? Wie viel mehr erst, wenn die Gestalt über das Wasser schritte! Haben Gespenstergeschichten solcher Art nicht seit jeher die Ängste der Menschen bewegt, von Wüstengeistern über den Geist, der die Gestalt des Petrus hatte, wie die Gemeinde dachte (Apostelgeschichte 12,15), bis hin zum Schimmelreiter?

Das Thema der Erzählung sind daher unsere Ängste, am Ende die vor dem Abgrund des Todes. Die Angst steigert sich: Nachts ohne Licht auf dem Meer, dann der Sturm, dann auch noch das Gespenst. Alles, was an Ängsten in uns sein kann, wird wachgerufen. Ist nicht auch Esoterik ein Spiel mit der Angst, ein Versuch, in der vollständig beherrschten Welt die Würze des Grauens zu entdecken, die zum Leben dazugehört wie der Tod?

Aber dann die Wende. Der, den man für das Gespenst hielt, ist Jesus. In der Mitte des Grauens sagt einer: Ich bin es, fürchtet euch nicht. Angst hat sehr wohl etwas mit Gott zu tun, Sturm und Finsternis sind Boten seines Kommens. Und auf dem Wasser gehen zu können wirkt schlicht unheimlich; auch wir wären entsetzt, käme uns ein vertrauter Mensch so entgegen. Anders als die Maler uns glauben machen wollen, geht Jesus auch nicht als verklärte Lichtgestalt über das Wasser. Aber mitten in dem, was Angst macht, steht doch nur er. »Fürchtet euch nicht, ich bin es«, sagt er. Er ist schlicht dort gegenwärtig, wo die Ängste sich übereinandertürmen. Und weil er es ist, fällt jede Angst dahin.

In dieser surrealen Erzählung geht es auch um das Thema Scheinwelt. Nicht Geister und Gespenster – er ist der Herr. So ist diese Erzählung ein sehr moderner Beitrag zum Thema: Was ist Wirklichkeit? Sind nicht unsere Ängste, besonders die Angst vor dem Tod, viel wirklicher als manches andere? Was wir psychische Ängste nennen, sind für Menschen zur Zeit Jesu nicht Gegebenheiten in der Seele, sondern Realitäten direkt hinter der sichtbaren Wirklichkeit.

Bedeutet es nicht Trost und frohe Botschaft, daß inmitten dieser Ängste nicht ein Sturmgeist steht, sondern der vertraute Heiland, der Mensch Jesus Christus? Evangelium bedeutet hier: daß überhaupt ein Mensch hineinragt in diese Wirklichkeit unserer Ängste.

Überfülle und Verschwendung

Die Stichworte »Überfülle« und »Verschwendung« lassen an die Brotvermehrungen, das Weinwunder und den reichen Fischfang denken.

Du, Gott sorgst, daß der Mensch Brot aus der Erde gewinne und Wein, der des Menschen Herz erfreut. Daß er erfrische sein Antlitz mit Öl und daß Brot das Herz des Menschen stärke (Psalm 104,14f).

Gab es eine Zeit in Jesu kurzem Wirken, in der man so übermütig und sorgenfrei paradiesischen Überfluß bei und mit Jesus erfahren konnte? Denn nichts anderes strahlen diese Texte buchstäblich aus als die messianische Fülle, Erfüllung alter Erwartungen, nach denen der Messias eben dieses bringen werde, Korn und Wein und Öl in Fülle.

Es gibt auch Anlaß zu fragen, wo und wie denn diese Erfahrungen mit der Botschaft Jesu und seinem Geschick verbunden sein können. Immerhin: Für das Johannes-Evangelium (6,1–15) liegt hier der Anlaß, Jesus zum König machen zu wollen – ein unmißverständlicher messianischer Fingerzeig. Und nach Markus 8 tadelt Jesus das verstockte Herz der Jünger noch kurz vor dem Messiasbekenntnis des Petrus, daß sie nämlich bei der Speisung noch nicht zur Einsicht gekommen seien. Zu welcher Einsicht?

Aber nochmals: Wo gibt es inhaltliche Brücken von dieser messianischen Fülle zur Botschaft Jesu? Denn genau genommen sind diese Wunder nicht weniger fremd und unbegreiflich als die Totenerweckungen.

Sind auch diese Erzählungen ein Stück Umsetzung und Veranschaulichung der Predigt Jesu von der Sorglosigkeit? Denn er empfiehlt, auf ausreichend Nahrung und Kleidung zu verzichten, ja auf jede Vorsorge. Und völlig kindlich vertraut er darauf, daß Gott den Mutigen dies alles zur rechten Zeit gewähren wird. Ähnlich auch noch in der Erzählung von den Steuern (Matthäus 17,24–27): Woher sollten die Jünger Geld haben, Steuern zu bezahlen? Und freie Königskinder sind sie überdies. Und im übrigen läßt Gott Petrus zufälligerweise einen Fisch fangen, der die Steuermünze schon im Maul hat.

Als Kinder des Vaters sind die Jüngerinnen und Jünger frei von der Notwendigkeit des Sorgens. Der himmlische Vater weiß, was ihnen fehlt. Das Vaterunser erinnert daran in der Brotbitte. Jesus nimmt die Wirklichkeit Gottes in dieser Hinsicht ganz ernst. Denn Gott ist ein Vater, der gebraucht sein will. Das gilt auch für die Sorge um das eigene Leben. Aber in diesen Erzählungen geht es nicht nur darum.

Nach Johannes 6 wollen die Menschen, die Jesus gespeist hat, ihn zum König machen. Jesus entzieht sich diesem Ansinnen. Das entspricht der Auffassung des Evangeliums nach Johannes, wonach Jesu Reich nicht von dieser Welt ist. Folglich wird das Brot, mit dem Jesus gespeist hat, im restlichen Kapitel Johannes 6 auf Jesus selbst und seine lebendige Botschaft gedeutet (6,22ff).

Die Speisungsberichte der Evangelien gehen alle auf eine Speisung durch den Propheten Elisa zurück, von der in 2 Könige 4,42–44 berichtet wird. (Diese wiederum hat ihr Vorbild in dem Speisungswunder, das Elisas Lehrer Elia bei der Witwe in Zarpat tut; 1 Könige 17,10–16.) Die Zahlenverhältnisse werden nach allen frühchristlichen Berichten zugunsten der Größe des Wunders gesteigert.

Andererseits kommt das viele Brot auf Jesu Gebet hin wie Brot vom Himmel, und der Leser fühlt sich an die Speisung des Wüstenvolkes durch Manna erinnert – nicht nur in Johannes 6, wo das ausdrücklich genannt wird, sondern auch schon in Markus 6 aufgrund der Gruppierung der Menschen zu je fünfzig und hundert, die dem Lager der Israeliten in der Wüste entspricht. Diese Linien von Elia und Mose laufen auch in dem Bericht über die Verklärung Jesu zusammen, wo beide erscheinen. Es geht um Jesu Würde, die die Würde dieser beiden Propheten zusammenfaßt. Aber das ist noch nicht alles.

Die Menschen, denen Jesus Brot, Fische oder Wein in so großer Menge schenkt, sind jeweils keineswegs am Verhungern oder am Verdursten. Andererseits geht es auch nicht um bloßen verschwenderischen Luxus, sondern um Nahrung für Menschen. Geht es einfach um dies: um Freude, um schlichte Daseinsfreude, weil Menschen etwas als Geschenk genießen dürfen? Das wäre dann kein besonderer Tiefsinn, nichts Ewiges, sondern etwas sehr Zeitliches: Verbrauchsgüter, Erleichterung für Menschen, die abends Hunger haben, die nachts kein Frühstück für den Morgen gefangen haben, für den Bräutigam bei der Hochzeit, dem der Wein ausgegangen ist. Nur kleine Katastrophen, nicht große, nur Alltägliches, nichts Weltbewegendes. Nur dies, was auch der zu Anfang zitierte Psalm sagt: ...*daß der Mensch Brot aus der Erde gewinne und Wein, der des Menschen Herz erfreut. Daß er erfrische sein Antlitz mit Öl und daß Brot das Herz des Menschen stärke.* Geht es nur um den freundlichen Gott? Dessen Messias weiß, was guter Wein bei der Hochzeit, ein schöner Fisch zum Frühstück gebraten, was Brot und Fisch in der Wüste bedeuten? Messianisch wäre dann dies: Freude über geschenktes Leben. Freude über den Gott, der so genau um Sorgen und kleine und wichtige Freuden der Menschen weiß.

Aber ich denke, auch damit ist der Nerv dieser Erzählungen noch nicht getroffen. Denn das entscheidende Merkmal ist die Überfülle, die jeden Bedarf übersteigt. Wie sollen nach Johannes 21,1ff gerade mal sieben Jünger 153 Fische verzehren? Und bei der Hochzeit von Kana blieben für jeden Teilnehmer etwa siebzig Liter Wein übrig. Bei der Brotvermehrung blieben Körbe von Broten übrig, die niemand mehr essen konnte.

Dieses absolute Übermaß, gerade das ist das Wasserzeichen der Taten Gottes. Kein Maß, keine Grenze ist vorgegeben. Gott schenkt alles im Übermaß, so wie er im Übermaß auch des Menschen Liebe fordert: Bei der Witwe, die auch das Letzte gibt, kann Jesus deutlich machen: Sie allein hat es verstanden, worum es geht. Der Gott Jesu will die Radikalität. Er liebt maßlos, fordert maßlos und straft maßlos. Darin erweist er sich als Gott und als heilsam für die Menschen.

Gewiß, es gibt alte Verbindungen zwischen Mystik und Speise. Johannes der Täufer verbindet seine Botschaft mit Nahrungsverzicht, bei Jesus ist es gerade das Gegenteil. Denn er ist der Messias, Johannes nicht. Das Gesetz des Geistes, durch Teilen mehr zu werden, gilt nun für materielle Speise.

Strafwunder

Vielleicht läßt sich an den Strafwundern erkennen, wie fern uns die Wunder überhaupt stehen. Möglicherweise kann man aber auch hieran die Wunder in ihrer Eigenart überhaupt erst begreifen. Nicht nur die Evangelien, auch die Apostelgeschichte und die Offenbarung des Johannes kennen Wunder, die zur Strafe gewirkt werden. Der Zusammenhang zwischen Heilungswunder und Segen, den wir bisher beschrieben haben, gilt auch für das Gegenteil, denn es gibt eben auch die Verbindung zwischen Strafwunder und Fluch. Wunder und Segen – das wird besonders bei den Wundern greifbar, die von der Überfülle berichten. Aber andererseits: Wer segnen kann, muß auch verfluchen können. Und gerade an dieser Stelle wächst unser Nicht-Verstehen ins kaum Überwindliche.

Doch zunächst die Texte: Jesus fordert die Jünger auf, gegenüber den Menschen, die sie nicht aufgenommen haben, »den Staub von den Füßen zu schütteln« – zweifellos ein Verfluchungsgestus (Matthäus 10,14). Jesus selbst verflucht den Feigenbaum, den er zu einer Zeit ohne Früchte findet, in der er gar keine Früchte erwarten konnte. Anderntags steht der Baum verdorrt da (Markus 11,12–14.20). Und Jesus droht dem Tempel: *Ich werde ihn zerstören, und niemand wird ihn wiederaufbauen können* (Thomas-Evangelium 71), was zweifellos nur in Gestalt eines Strafwunders möglich und denkbar war. Diese gewaltsamen Züge Jesu haben ebenso Zeichencharakter wie Strafwunder, die andere wirken.

Nach Apostelgeschichte 13,11 blendet Paulus einen Zauberer

für eine Zeit, und nach Kapitel 8,20.24 desselben Buches bittet Simon Magus die Jünger, ihm nichts anzutun, wohl wiederum durch Strafwunder. In Offenbarung 11,5 ist das Wirken der beiden Propheten so geschildert: Sie können Feuer auf die Menschen herabrufen, die ihnen den Gehorsam verweigern (ähnlich auch schon die beiden Zebedäussöhne nach Lukas 9,54f).

Die Strafwunder, von denen hier berichtet wird, haben ähnliche Funktion wie die Verfluchung des Sünders, die Paulus nach 1 Korinther 5,1–5 anordnet: Die so auf Menschen herabgerufenen Strafen sollen zum Zeichen dafür dienen, noch rechtzeitig umzukehren, bevor noch viel Größeres und Wichtigeres, nämlich die ganze Seele, der ganze Mensch zugrunde geht. Strafwunder sind daher Zeichen, die korrigieren sollen.

Sie sind Antwort auf die Frage, was Leid und Böses, die dem Menschen begegnen, für einen Sinn haben könnten. Das Leid wird so jedoch nicht funktionalisiert. Vielmehr gilt: Das irdische Leid ist wie ein Abbild von noch Schlimmerem, das den Menschen treffen kann. Der Schaden am Vorläufigen und am Vor-Letzten soll nur den grundsätzlichen und dann nicht mehr reparablen Schaden am Wichtigsten verhindern. Hier geht es nicht um ein Zweck-Denken, sondern um das Verhältnis von Abbild und Wirklichkeit.

Das Wunder ist ein Zeichen, das den Menschen bewegen soll. Das gilt von Heilungs- wie von Strafwundern. Beide machen dem Menschen zuallererst deutlich, mit wem er es zu tun hat: mit dem mächtigen Schöpfergott. Das Wunder zielt so oder so darauf, ihn anzuerkennen. Und Gesundheit oder Schaden, die dem Menschen zuteil werden, sind wie die Spitze eines Eisbergs. Insofern lassen gerade die Strafwunder etwas Wichtiges deutlich werden: Wunder geschehen nicht um ihrer selbst willen. Sie zu erfahren ist nur Teil, ist nur wie eine Station auf dem langen Weg des Menschen zu und mit Gott.

6. Teil
Der Messias als Wundertäter

Die Taten des Messias

Wunder sind typisch für Jesus

Wie eng gehören die Wunder zu Jesus? Könnten sie fehlen?
»Brauchte« er sie? Tatsache ist: Nirgendwo in der Umwelt des
Neuen Testaments sind so viele Geschichten auf eine Person
gehäuft.

Mehrere Möglichkeiten sind denkbar. Sind die Wunder bloße
Erweise von Jesu Menschenfreundlichkeit und Gerechtigkeit? Sind sie daher vor allem moralisch aufzufassen? – Oder
sind die Wunder Zeichen der Beglaubigung, etwa in dem
Sinne, daß durch diese Machterweise die Treue und Zuverläs-
sigkeit seines Wortes und seiner Verheißung unterstrichen
werden? – Oder sind sie anfanghafte Verwirklichung der Zukunft, das heißt des Reiches Gottes?

Das alles reicht offenbar nicht. Denn ein nur moralisches Verständnis ließe sich nicht begründen. Jesus fordert nirgends zu
einer Nachahmung der Wunder in diesem Sinne auf. Und
allzu flach modern ist es, die Speisungsgeschichten nur moralisch im Sinne der Aufforderung zum »Teilen« auszulegen.
Und was könnte man aus dem Wandeln auf dem Meer moralisch herleiten?

Auch wenn Wunder nur Legitimationszeichen sind, ist die
Verbindung mit Jesus nicht eng genug. Für diesen Zweck hätten vielleicht auch weniger Wunder genügen können. Und die
sogenannten »Sammelberichte«, nach denen Menschen von
überall her kamen und Jesus sie alle heilte, sind doch systematisch angelegt.

Aber auch mit dem Reich Gottes haben Wunder (ausgenommen die Dämonenaustreibungen nach Lukas 11,20) nicht direkt etwas zu tun. Viele Ausleger haben das nur annehmen wollen, weil sie meinten, der einzige Inhalt der Verkündigung Jesu sei das Reich Gottes gewesen, und die Wunder müßten irgendwie dazu in Beziehung gesetzt werden. Aber womöglich ist diese Einschätzung einseitig. Denn Texte, die Wunder und »Reich Gottes« in eine innerliche Beziehung zueinander setzten, sind nirgendwo zu finden.

Wenn Jesus über seine eigene Rolle nachgedacht hat, dann hat er vielleicht das eigene Wirken als eine ganz selbständige Sache und Zeitphase dem Reich Gottes zeitlich vorgeordnet, indem er seine eigene Aufgabe als die eines Wegbereiters ansah. Jesu Wirken und Botschaft sind dem Reich Gottes vorgelagert wie ein Vorraum oder wie eine Schleusenkammer. Im Rahmen der Verkündigung Jesu sind Wunder nicht Vorwegnahme oder Vorzeichen des Reiches Gottes. Ihre Funktion ist vielmehr christologischer Art. Sie sind der Futtertrog für die Herde des messianischen Reiches. Sie gehören hinein in die Dramatik des Auftretens Jesu. Sie zeigen, daß er nicht leere Worte bringt, sondern daß er zum Heil der Menschen wirkt und daß diese durch ihn nicht nur gesund werden, sondern sich auch selbst finden können. Denn bei Jesus bedeutet Gesundwerden nichts anderes als Ganzwerden, das heißt: Wiedereinswerden mit sich selbst in den körperlichen und seelischen Funktionen.

Wunder sind Wort- oder Zeichen-Taten. Sie haben daher, wenn man es ein wenig anachronistisch deutet, sakramentalen Charakter: Wie das Sakrament vom Spender, so werden dem Empfänger die Wunder vom Wundertäter zugesprochen und zugeeignet. Und mit einem körperlichen Geschehen wird etwas bezeichnet, das weit über die körperliche Bedeutung hinausragt, sie aber eben auch nicht ausschließt. Auch das Wunder steht sichtbar für das ganze Heil.

Daher gehe ich davon aus, daß die Botschaft Jesu auf zwei Beinen steht: Jesus wirbt für die Herrschaft Gottes, aber er tut das mit eigener Vollmacht. Die Wunder Jesu sind dieser Vollmacht zugeordnet. Sie beziehen sich damit nur indirekt auf das Reich Gottes, direkt aber auf das Wirken Jesu selbst. Das bedeutet: *Jesu Wunder sind als das typische Wirken des Messias Jesus aufzufassen. Als der messianische Gesalbte wirkt Jesus diese Zeichen. Sie sind nicht vorweggenommenes Reich Gottes, sondern Merkmal der Zeit der Vorbereitung darauf.*

Dieser These steht entgegen, daß der jüdische Messias in keiner traditionellen Erwartung als Wundertäter angesehen wird. Aber es ergibt sich durchaus die Möglichkeit, Jesu Wunder als zeitgenössische Umdeutung anderer jüdischer Auffassungen vom Messias zu begreifen, in ihrem Rahmen und als ihre Erweiterung. Das erscheint allein schon deshalb als notwendig, weil Jesu Heilungstaten in Matthäus 11,2 »Werke des Christus (Messias)« genannt werden.

Jesu Wunder als messianische Taten

Im folgenden ist zu begründen, daß die Wunder Jesu messianische Taten im engeren Sinne sind, nämlich Abwehr des Bösen und wohltätige Fürsorge für das Volk. Beides nenne ich »messianisch« im engeren Sinne, weil es herrscherlich ist. »Abwehr des Bösen« bedeutet: Abwehr von Unreinheit und bedrohlichen Mächten, Aufhebung der Gefangenschaft des Menschen und des Todes. All dieses Tun *ist wohl zu begreifen als eine Neu-Interpretation der Erwartung, nach der der Messias die bedrohlichen Feinde abwehrt und besiegt.* Und bei Texten wie den Speisungsberichten und Fischwundern geht es ähnlich um *herrscherliche Aufgaben, nach denen der Herrscher zu Volksspeisungen berechtigt und verpflichtet ist.*

Diese spezifisch herrscherlichen Aufgaben ergeben sich, wenn man die Feinde Israels im Sinne des damaligen Judentums deutet und wenn man die positiven Aufgaben nach Art der zeitgenössischen Könige und Kaiser beurteilt, die sich gerne als »Wohltäter« feiern ließen.

Für die Auffassung vom Reich Gottes bedeutet das: Die Regentschaft des Messias bereitet das Reich Gottes vor und wird in ihm aufgehen. Ähnlich ist auch nach 1 Korinther 15,20–28 das Regieren des Messias eine vorbereitende Phase, in der die Feinde unterworfen werden und an deren Ende das Reich des Messias »aufgehoben« wird in das Herrschen Gottes *(daß Gott alles in allem ist)* hinein. Paulus und die ersten drei Evangelien haben demnach eine sehr ähnliche Auffassung.

Wir halten fest: Jesus wirkt die Wunderzeichen nicht aus Mitleid und Edelmut oder zur Selbstbestätigung, sondern als Ausdruck seiner Herrschaft, gemäß der er die Feinde abwehrt und den Volksmassen in der Not Gutes tut (»öffentliche Wohlfahrt«). So zeigt er sich als König besonderer Art.

Aus Taten Gottes werden Taten des Messias

Es fällt auf, daß beim Propheten Jesaja diese »klassischen« Heilungstaten Gott selbst zugeschrieben werden und noch nicht dem Messias. Das gilt auch noch für den Text aus Qumran (4 Q 521 Fragment 2), in dem wie dann später in Lukas 7,22 diese Taten ergänzt sind um die Auferweckung Toter. Was in Lukas 7 von Jesus gesagt wird, gilt in 4 Q noch von Gott selbst.

Man kann sich das so vorstellen: Gottes Taten und die des Messias liegen in der Perspektive des Alten Testaments noch »ineinander«, sie überschneiden sich und werden erst später entzerrt. Erst in jüdischen und christlichen Apokalypsen des 1. Jahrhunderts n. Chr., aber auch bei Paulus und im Evangelium nach Matthäus werden beide voneinander getrennt und zu selbständigen Abschnitten. Dabei geht die Zeit des Messias voran, und er übernimmt zu einem Teil »Werke Gottes« nach prophetischer Erwartung und läßt sie zu Werken des Messias werden.

Wegen dieser Unterscheidung zwischen vorgelagerter Zeit des Messias und dann folgender Zeit der offenbaren Herrschaft Gottes kann auch der Messias Züge des Elia annehmen, von dem man erhoffte, er werde vor dem Tag (des Herrschaftsantritts) Gottes kommen und das Volk vorbereiten.

Man kann sagen: Jesus bereitet das Volk auf die Zeit der (offenbaren) Herrschaft Gottes vor und vollbringt in dieser Vorbereitungzeit heilvolle Taten, die ihn sicher als Gottes Boten ausweisen. Man kann recht genau sehen, daß es sich teils um Taten handelt, wie sie ähnlich Elia und Elisa vollbrachten und die nun kräftiger wiederholt werden (Speisung, Berufung, Totenerweckung), teils um ehedem »klassische« Taten Gottes, die jetzt der Messias übernommen hat (Heilung von Blinden, Lahmen, Tauben, Gekrümmten, Aussätzigen).

Beides weist in dieselbe Richtung: Dieser Messias ist von Gott gesandt und bereitet wie der wiedergekommene Elia den Tag des Herrn vor.

Die »Entflechtung« von Taten Gottes und Taten des Messias gerade in hellenistischer Zeit hat sicher auch damit etwas zu tun, daß hellenistische Herrscher in zunehmendem Maße als Wundertäter betrachtet wurden. Der jüdische Messias konnte und durfte ihnen nicht nachstehen.

Die Feinde des Messias

Geistermächte und Dämonen

Besonders von den Liedern und Hymnen aus Qumran her, aber auch aus dem Neuen Testament wissen wir: Man verstand die »Feinde«, von denen auch in den alten Psalmen so oft die Rede ist, im Sinne von unsichtbaren Mächten. Nicht Menschen und Völker waren die Gegner, sondern Dämonen, die bedrohliche Tiefe des Meeres, alle bedrohliche Unreinheit und die schlimmen Gebrechen, die den Menschen wie andere Unreinheit vom Heiligtum ausschlossen und sein Leben bedrohten.

In diesem Sinne konnte man die alten Feindpsalmen sehr

wohl beten. Auch das Neue Testament gibt davon Zeugnis, wenn die Feinde, die Gott nach Psalm 110,1 dem König zu Füßen legen will, durchweg auf feindliche Geistermächte und auch auf den Tod gedeutet werden. Oder wenn nach der Offenbarung des Johannes die Herrschaft des Messias »wie mit eisernem Stab über Töpfergeschirr« sich an Hölle, Tod und Teufel auswirken wird (Offenbarung 19 und 20).

Im Judentum zur Zeit des Neuen Testaments orientiert man sich daran, daß David mit einem Psalm den bösen Geist Sauls vertrieben hatte, und deutet nun alle Psalmen Davids in diesem Sinne. In den Psalmen und Hymnen, die man in dieser Zeit neu dichtete, faßt man die Feinde gleich im Sinne von Geistermächten auf. So heißt es in zwei Hymnen aus Qumran:

Um seinen Namen zu rühmen, rede ich, um zu vertreiben mit seiner Kraft alle Geister der Bastarde, sie zu unterwerfen kraft der Furcht vor ihm (4 Q 511,35 = Berger, Psalmen aus Qumran, 2. Aufl. 1995, 24).

Er hat mir ins Herz gegeben das Loblied auf seine Gerechtigkeit, und durch meinen Mund vertreibt er alle Geister der Bastarde, um zu unterwerfen alle Unreinen. Denn in den Gliedern meines Leibes ist Streit, und in meinem Leib ist Kampf. Die Gesetze Gottes sind in meinem Herzen, und ich habe den Teufel überwunden (4 Q 511,48–51 = Berger, 25).

Jesus tritt nach den Evangelien den Dämonen (bzw. unreinen Geistern) als ihr Herr und Gebieter gegenüber, der ihnen befehlen kann. Er treibt sie aus, und sie wissen, daß er ihr Herr ist. Weil sie die wahren Feinde der Menschen sind, heißen sie – und nicht nur die römischen Truppen – auch »Legion«.

Das Meer

Wo Jesus den Sturm auf dem Meer besänftigt oder über das Wasser zu gehen vermag, geht es nicht um physikalische Kunststücke, sondern um den alten Kampf gegen die schon nach den Gebeten der Psalmen bedrohliche (Ur-)Flut des

Meeres. Wenn es in der Anrede an Gott heißt, er wandele über die Fluten wie auf dem Boden eines Hauses, dann ist das ein Bild dafür, wie leicht und wie total Gott über die Fluten gesiegt hat, so daß sie ihm förmlich zu Füßen liegen.

... der du Himmel ausspannst und wandelst auf dem Meer wie auf Fußboden (Hiob 9,8 LXX).

... auf dem Meer ist dein Weg, deine Pfade gehen über viele Wasser, und deine Fußspur kann keiner erkennen (Psalm 76,20 LXX).

Jesus übernimmt als Messias diese Aufgabe Gottes und überwindet mit dem Meer den unheilvollen Abgrund des Todes. Jesus erscheint daher als der Sieger über das, was sonst den Menschen unrettbar verschlingen würde. Er vollzieht diesen Sieg an Gottes Statt.

Unreinheit

Nach der Erwartung des Frühjudentums hat der Messias, der Sohn Davids, auch wesentlich priesterliche Funktionen, indem er die Reinigung seines Volkes und insbesondere Jerusalems bewirkt. Denn es heißt von ihm: *Er befreit uns von der Unreinheit unheiliger Feinde..., er reinigt Jerusalem durch Heiligung* (Psalmen Salomos 17,45.30). Deshalb wird er »stark sein im heiligen Geist«, und der Segen wird mit ihm sein.

Jesus vollzieht solche Taten der Reinigung nicht nur durch Ausschluß der Händler aus dem Vorhof der Heiden (»Tempelreinigung«) und durch das Austreiben unreiner Geister (Dämonen). Letzteres ist möglich, weil er selbst den reinen, heiligen Geist hat. Vielmehr noch bewirkt Jesus dann, wenn er die klassischen Gebrechen beseitigt (Blindheit, Lahmsein usw.), daß die von diesen Gebrechen Betroffenen nicht mehr vom Tempel ausgeschlossen sind. Bei der Heilung des Aussätzigen werden ausdrücklich Priester als die Instanz genannt, die solche Heilung zu begutachten haben.

Bekanntlich wurde die Liste der von der heiligen Gemeinschaft ausschließenden Gebrechen in frühjüdischer Zeit laut der »Gemeinschaftsregel« von Qumran (1 Q Sa) erweitert (gelähmt an Füßen oder Händen, blind, taub, stumm, gekrümmt), und auch nach der Tempelrolle sind Ausländer, Verschnittene, Aussätzige, Lahme und Blinde ausgeschlossen. Diese Liste war demnach zur Zeit des Neuen Testaments besonders aktuell.

Wenn Jesus die Heiligkeit Israels so (wieder) herstellt, dann integriert er das Volk auf priesterlich-messianische Weise. Er sammelt die verlorenen Schafe und bewirkt auch schon rein physisch das, was von Elia erwartet wurde, nämlich die Wiederherstellung des Volkes.

Heilungen am Sabbat

Die im Verhältnis zu anderen Berichten zahlreichen Heilungen am Sabbat setzen eine besondere Auffassung vom Sabbat voraus. Sicher kann man sagen: Der Sabbat eignete sich deshalb zum Wirken von Wundern, weil da Menschen zusammenkamen. So konnten Jesus und auch die Apostel zeigen, daß ihre Lehre nicht nur in Worten, sondern auch in vollmächtigen Taten bestand.

Aber es gibt auch, wie wir gesehen haben, eine inhaltliche Verbindung des Sabbats zu den Heilungen. Sie wird in Lukas 4 ausgesprochen und hat ihren Grund darin, daß der Sabbat auch im Alten Testament als Tag der Befreiung angesehen wird. Die Sklavinnen und Sklaven Israels sollen an diesem Tag »frei haben«, weil Israel aus Ägypten befreit wurde, und in jedem Sabbatjahr sollen die Sklaven freigelassen werden. Besonders deutlich wird diese befreiende Tat Jesu, wenn er am Sabbat die Frau heilt, die durch ihre Krankheit seit Jahren gebunden ist (Lukas 13,10–17):

Jesus rief die Frau: Frau, sei befreit von deiner Krankheit. Und er legte ihr die Hände auf, und auf der Stelle wurde sie wieder aufgerichtet und verherrlichte Gott... (Jesus verteidigt sein Tun:) *Diese aber, Tochter Abrahams, die Satan achtzehn Jahre*

gebunden hat, soll sie nicht gelöst werden von dieser Fessel am
Tage des Sabbats?

Wer am Sabbat Menschen befreit, vollzieht damit ein ganz ur-
sprüngliches Ziel dieses Tages: Menschen im Namen Gottes
Befreiung zu verkündigen. Jesus ist von daher »Retter« und
»Befreier«.

Wir halten fest: Jesus befreit am Sabbat nicht vom Joch des
Sabbatgebots, sondern vom Joch der Krankheiten und des
Leidens.

Wunder und Auslegung von Gottes Gebot

Gerade die älteren protestantischen Bibelkommentare nehmen Jesu Heilungen am Sabbat gern zum Anlaß für den Hinweis, Jesus habe »das Gesetz« aufgehoben, um dem »freien
Liebeswirken« Platz zu machen, so daß dann moralische Ka-
suistik gegen Freiheit steht. Die Erzählung Markus 3,1–6 ist
darauf zu befragen, in welchem Verhältnis hier Moral (Gesetz) und Jesu Handeln (Liebe) stehen:

Als Jesus wieder einmal in die Synagoge ging, fand er dort einen
Menschen, dessen Hand war ganz abgestorben. Die Pharisäer
ließen Jesus nicht aus den Augen, um zu sehen, ob er den Kran-
ken am Sabbat heilen würde. Denn sie wollten ihn verklagen.
Da sagte Jesus zu dem Mann mit der abgestorbenen Hand:
Steh auf und stell dich in die Mitte! Und zu den Umstehenden
sagte er: Darf man am Sabbat Gutes tun – oder soll man am
Sabbat Schlechtes tun? Darf man jemanden retten – oder soll
man ihn töten? Da schwiegen sie. Zornig blickte Jesus in die
Runde, und voll Trauer darüber, daß sie so herzlos waren, sagte
er zu dem Kranken: Streck deine Hand aus! Der Mann tat es,
und seine Hand war wieder heil. Die Pharisäer verließen sofort
die Synagoge, und zusammen mit den Anhängern des Herodes
faßten sie den Beschluß, ihn zu töten.

Es fällt auf: Die Logik der Erzählung ist »johanneisch« (wie in
Johannes 5 und 11): Den, der Leben rettet, wollen seine Gegner

töten. Damit tun sie Schlechtes, er aber tat Gutes. – Jesus gibt zwei Befehle: *Steh auf und stell dich in die Mitte!* und *Streck deine Hand aus!* – Aber damit schafft er nicht den Sabbat ab. Vielmehr sagt Jesus ausdrücklich, wozu der Sabbat dienen soll: Gutes zu tun. Jesus tut es offensichtlich. Damit zerstört das Wunder nicht die Norm, sondern umgekehrt gibt es die rechte Auslegung und damit auch die Grundlage an, auf der auch das Sabbatgebot auszulegen ist. Die Wundervollmacht ist keine Vollmacht gegen den Sabbat, sondern demonstriert die Erlaubnis und zugleich die Pflicht, am Sabbat Gutes zu tun. Ab jetzt ist ein für allemal deutlich: Wer verbietet, am Sabbat Gutes zu tun, der gehört auf die Gegenseite. Indem das Wunder Rettung bringt und gerade nicht Tod, ist ein schlüssiges Kriterium gefunden, wie der Sabbat in Zukunft auszulegen ist. Denn die entscheidende Frage der Moral ist doch immer: Woran kann man erkennen, was gut und was böse ist? Von unseren normalen Handlungen wissen wir das zumeist auch nach vollbrachter Tat nicht. Ein Wunder aber kann das Kriterium, den Maßstab nennen. Nämlich: Ob etwas gut oder böse ist, das kann man daran erkennen, ob es Menschen mordet oder Leben rettet. Oder weniger grob gerastert: ob es Leben behindert oder Leben fördert. Jesu Wundertat besitzt daher eine völlig schlüssige Evidenz: Wer so etwas verurteilt, der kann nicht den Willen Gottes tun. Und ebenso: Wer Jesus wegen einer solchen Tat vom Leben zum Tod befördern will, der spricht sich selbst das Urteil. Denn er handelt absurd.

Gegenüber allen anderen Handlungen hat ein Wunder den Vorteil, daß man den Erfolg und damit auch den Wert sofort erkennt. Die Heilung einer abgestorbenen Hand ist unzweideutig gut. Hier kann es keinen Streit geben. Und die Verurteilung Jesu ist ebenso evident böse. Daher wird in diesen wenigen Versen über nichts Geringeres entschieden als über die letzte Grundlage allen Handelns, auch am Sabbat. – Aufgrund seines eindeutigen Erfolgs ist deshalb das Wunder nicht selbst das zu Legitimierende, sondern das, was eben »die« Lösung gibt.

Übrigens gilt auch hier: Niemand bezweifelt das Wunder, ob es so etwas geben kann oder nicht. Aber allen, die etwas zu sagen haben, ist das Wunder unangenehm. Hier wie sonst auch im Neuen Testament heißt daher die Frage: Darf Jesus das tun? Dieser Frage entspricht unser Problem.

*Durfte Jesus Wunder tun –
dürfen wir an Wunder glauben?*

Immer wieder geht es um das »Dürfen«. Denn Tun wie Annehmen des Tuns, beides ist umstritten.

Durfte Jesus am Sabbat Befehle erteilen und so ein Wunder wirken? Die Antwort des Neuen Testaments ist: Ja, er durfte, denn der Erfolg gibt ihm recht. Weil der Mensch immer vor der Alternative steht zu töten oder Leben zu ermöglichen, ist die Wahl des Lebensweges hier wie auch sonst in sich selbst evident. Darf Jesus am Sabbat so befehlen wie Gott? Ja, er darf, wenn es im Ziel mit Gott übereinstimmt: Leben zu schaffen oder zu schenken.

Dürfen wir uns auf Wundergeschichten einlassen? Ja, wenn das Stationen auf dem Weg zu Gott werden. Vor allem in südlichen Gegenden gibt es Kreuzwegstationen oft über die Landschaft verteilt. Sie sind ein Abbild des Lebens. Man kann einen Kreuzweg nur wahrnehmen, indem man ihn erlebt und ihn nachgeht. Stehenbleiben, nachdenken, beten, weitergehen. Die Wahrnehmung eines Wunders ist ein solches Stehenbleiben. Dann geht der Weg weiter. Auch schon im Neuen Testament sind Wunder immer Zeichen am Anfang, die weiterweisen, über sich selbst hinaus weiterführen.

Der Weg zur messianischen Gewißheit

Wenn Wunder für das frühe Judentum kein Merkmal der Messiasvorstellung waren – wie fand sich dann beides bei Jesus zusammen?

Vielleicht darf man sich den Hergang so vorstellen: Schon für Johannes den Täufer wird diskutiert, ob er der wiedergekommene Elia ist. Manche lehnen es ab, nach Johannes 1,21 lehnt er selbst es ebenfalls ab. Aber die Evangelien nach Markus, Matthäus und Lukas behaupten es von ihm, an einigen Stellen sagt es Jesus von ihm.

Im Unterschied zu Johannes dem Täufer kann Jesus einen Schritt weiter gehen. Von Johannes sind keine Wunder überliefert, wohl aber von Jesus, und zwar gerade auch solche, die die des Elia und seines Prophetenschülers Elisa »überbieten«. Insofern ist Jesus in höherem Maße Elia. Mehr noch: Da sich seine Taten auch auf die klassischen Werke Gottes erstreckten, die man für die Endzeit erwartete, konnte er als irdischer Messiaskönig betrachtet werden. Denn wir sahen bereits: Gottes Endzeittaten wurden an den Messiaskönig delegiert, weil er zeitgenössischen Königen nicht nachstehen durfte.

Am Anfang der Messianität Jesu steht daher das Wunder. Jesu Wunderwirken, seine »charismatische« Vollmacht, verstärkt in mehrfacher Hinsicht das, was Jesus mit Johannes dem Täufer verband. Es verstärkt die Ähnlichkeit mit Elia, es bekräftigt die Botschaft, das Ende sei nahe, weil nun der Messias da ist. Ja es läßt sogar die Rede vom kommenden Königreich Gottes überzeugend erscheinen.

Im Unterschied zu Johannes dem Täufer geht es jetzt um Herrscher: den Messiaskönig und Gott als König. Beides hängt miteinander zusammen. Und man kann sagen: Daß Johannes der Täufer fast nirgends vom Königreich Gottes spricht, unterscheidet ihn wiederum von Jesus. Und könnte nicht Jesu Rede vom Königreich Gottes gerade darin begründet sein, daß er sich und seine Taten als königlich begreift?

War es wirklich so, wie die liberale Exegese meinte: Jesus habe vom Königreich Gottes gesprochen und sei nach Ostern zum Messias erklärt worden? Beides wäre nicht recht motiviert. Vielleicht war der Vorgang umgekehrt: Wie der Täufer spricht er vom kommenden Gott. Die »königliche« Note entdeckt er zunächst bei sich selbst. Gilt sie von daher auch für den kommenden Gott? Das Wunderwirken ermöglicht es Jesus, sich selbst und das, was kommt, in »königlicher Perspektive« zu sehen.

Zweimal Senfkorn

Wie ganz zarte Vorboten des Frühlings sind die Wunder.
Wunder weisen darauf hin, daß sich etwas tut, wie man sagt.
Jesus selbst weiß, wie gering das ist, was er »bieten« kann: Wie ein Senfkorn, so groß ist das Reich.
Wir sind erschrocken, wie illusionslos Jesus ist. Keine Schönfärberei; nur ein Senfkorn.
Aber noch einmal spricht er vom Senfkorn: Wäre unser Glaube nur so groß wie ein Senfkorn, wir könnten damit Berge versetzen und die Welt bewegen.
Ein ganz klein wenig von Gott genügt schon, wenn es nur von Gott ist. Wenn das, was von Gott kommt, der Glaube oder das Reich, nur den Fuß in den Türspalt gesetzt hat und ihn darin behält.
Wir beschweren uns so gerne, daß Gottes Reich nur so klein ist. Daß Wunder nur erst Vorzeichen waren, daß seit zweitausend Jahren so wenig geschehen ist. Warum wird nicht alles schnell besser?
Wäre unser Glaube nur so groß wie ein Senfkorn, so wäre diese Frage schnell beantwortet.

7. Teil
Totenerweckung als Wunder

Jesus erweckt Tote auf

In allen frühchristlichen Totenerweckungen (auch in den außerkanonischen) sind Frauen Hauptpersonen, sei es als Auferweckte (Tochter des Jairus; Tabitha; Tochter des Petrus), sei es als allernächste Angehörige oder als Freundinnen (Mutter des Jünglings von Nain; Maria und Martha bei Lazarus; Maria von Magdala und die anderen Frauen bei Jesus). Eine Ausnahme ist nur der Jüngling nach Apostelgeschichte 20,8–12. Dazu paßt, daß auch sonst in den Evangelien Frauen in singulärer Weise auf das leibliche Geschick und die leibliche Existenz der Hauptpersonen bezogen sind und dadurch selbst zu Hauptpersonen werden (als Mutter, als Salbende, Berührende, als Gastgeberinnen). Die Rolle der Frauen in diesen Erzählungen hat daher »System«. Und es ist wohl kein Fehlschluß, wenn man sagt, daß die eminente historische Bedeutung der Frauen im frühesten Christentum eng damit zusammenhängt, daß die gesamte Dimension des Leibes für die christlichen Anfänge so wichtig war.

Bei den Totenerweckungen gibt es zwei Erzählungstypen. Entweder wirkt der Wundertäter die Auferweckung bei der Begegnung mit dem Leichenzug, und dann hat dies eine Entsprechung in antiken Philosophenlegenden (Empedokles, Asklepiades, Apollonius von Tyana). Oder der Wundertäter (Jesus oder Paulus) erweckt Tote nach dem Vorbild der Erzählungen von Elia und Elisa: Der Wundertäter berührt den Toten im Schlafgemach – außer bei Jesus geschieht das dadurch, daß er sich auf den Toten legt (1 Könige 17,21; 2 Könige 4,34; Apostelgeschichte 20,10).

Die Aufzählung der Wundertaten in Lukas 7,22; Matthäus 11,5 (Blinde sehen machen, Lahme gehen machen, Aussätzige rein machen, Tote auferwecken) zeigt, daß man zwischen Totenerweckungen und anderen Wundern nicht grundsätzlich unterschieden hat. Die Liste der aus Stellen bei Jesaja zusammengefaßten Wundertaten wurde übrigens schon in dem bereits erwähnten Qumrantext 4 Q 521 Fragment 2 um das Glied »Tote auferwecken« erweitert, das sich bei Jesaja noch nicht findet. In 4 Q 521 handelt es sich aber nicht um Taten des Messias, sondern um Taten Gottes. (Vgl. oben S. 149f.)

Als derjenige, der Tote auferweckt, übernimmt Jesus daher eindeutig Taten, die nach zeitgenössischer jüdischer Ansicht nur Gott wirken konnte. In der Totenauferweckung sehen alle Berichte immer das exklusive Merkmal von Gottes eigenem Handeln, und zwar im Unterschied zu den Götzen, die selbst tot sind und daher kein Leben geben können. Hier mag auch ein Zusammenhang zum Achtzehnbittengebet bestehen, wo es als Gottestitel heißt: »Der du die Toten auferweckst...« – Ebenso sind auch alle übrigen »Wunder«-Taten aus Lukas 7,22 in den verschiedenen Jesaja-Kapiteln immer Werke Gottes, die er in der Heilszeit vollbringen wird.

Wenn Matthäus 11,2 daher von den »Werken des Christus« spricht, so schließt sich hier der Sprecher nicht an eine explizit messianische Tradition in unserem Sinne an, sondern er faßt den »Gesalbten« wohl zunächst eher nach allgemeinerem Sprachgebrauch von »salben« im Sinne eines Mandatsträgers Gottes, also fast im Sinne eines göttlichen »Gesandten«. Jedenfalls weist alles, sowohl das Wort »Gesalbter« wie die Verbindung mit der Totenauferweckung, darauf hin, daß Jesus hier *endzeitliche Werke Gottes tut. Jesus als Wundertäter ist der endzeitliche Ort der Gegenwart Gottes. Er ist das Gefäß für Gottes heilsame, wirkmächtige Gegenwart.*

Daß unter den Werken Gottes die Totenauferweckung das höchste Zeichen ist, darauf weist nicht nur die Schlußposition in der Reihe Lukas 7,22 (parallel: Matthäus 11,5), sondern auch die entsprechende Endposition in der Reihe der

Wunder im Johannes-Evangelium: Die Auferweckung des Lazarus ist in Kapitel 11 der Schlußpunkt und Höhepunkt der Zeichen, die Jesus wirkt. Gleiches gilt für die Auferstehung Jesu selbst auch in den synoptischen Evangelien, die mit der Auferstehung Jesu enden.

Speziell für die Totenerweckungen halte man sich dieses vor Augen: Was wirklich ist und in welchem Maße etwas wirklich ist, das ist eine Frage der Qualität. Abhängig ist diese Qualität für die Menschen im Umkreis des Frühjudentums und des Neuen Testaments von der Nähe oder Ferne zu Gott als dem schöpferischen Mittelpunkt aller Dinge. Wie wir schon gesehen haben, besitzen keineswegs alle Dinge den gleichen »Abstand« zu Gott, sondern der Bereich des Heiligen ist ihm am nächsten. Damit hat der Heilige am meisten Leben in sich, und das gilt für ihn wie für die, denen er etwas tut. Für Jesus äußert sich die unvergleichliche Nähe zum Schöpfergott, indem dieser sein Entstehen durch den Heiligen Geist wie seine Auferstehung (durch den Heiligen Geist, vgl. Römer 1,3f) bewirkt.

Lebenskraft ist, was das Wirken der frühchristlichen Wundertäter betrifft, als durch Worte oder Berührung mitteilbar vorgestellt. Wenn nun ein Toter erweckt wird, so ist vorausgesetzt: Nicht seine Seele fehlt ihm, sondern (nur) Lebenskraft. Jesus fügt zum Beispiel dem Leib des toten Lazarus nicht dessen Seele hinzu, sondern er befiehlt ihm wie einem Lebenden. Seine Gegenwart vermittelt Lebenskraft, genauso wie die Gegenwart des Geistes Gottes Jesu Auferstehung bewirkt. Diese Lebenskraft ist offenbar nicht besonders individuell geprägt. Das bedeutet: Die »Seele« des Toten war nach seinem Tod nicht irgendwo anders, sondern bei ihm, oder anders: Zwischen Leib und individueller Seele wird hier noch nicht unterschieden. Bis zum Auferwecktwerden schlief der ganze Mensch den Todesschlaf.

Ein Denkmodell, wie man sich Totenerweckung durch einen Wundertäter verständlich machen könnte, wäre etwa die Inspiration: So wie ein Prophet selbst mit göttlichem Geist erfüllt wurde, so kann er diesen Geist als göttliche Lebenskraft auch an andere weitergeben. Paulus würde hier vermutlich vom »Überfließen« sprechen.

Totenerweckungen Jesu (oder der Apostel) werden in der Regel nicht zur allgemeinen Totenauferweckung am Ende in Beziehung gesetzt. Sie wird aber in Johannes 11 diskutiert. Die zeitliche Kluft überbrückt Jesus durch seine Aussage: *Ich bin die Auferstehung.* Damit sagt er, daß es unter allen Umständen schon jetzt gilt, sich an diesen Jesus zu halten. Es gibt nach Johannes ein ewiges Leben auch schon vor der Auferstehung. Und die beiden Lebensabschnitte des Menschen, sein Leben vor und sein Leben nach dem physischen Tod, sind angesichts der Präsenz Jesu eins. Diese Präsenz hat für die Abfolge von irdischem Leben und physischem Tod dieselbe einebnende und nivellierende Funktion wie die Gegenwart des Heiligen sonst (vgl. oben Teil 5).

Konkretion: Die Tochter des Jairus

Als Jesus zurückkam, nahm ihn das Volk auf; denn sie warteten alle auf ihn. Und siehe, da kam ein Mann mit Namen Jairus, der ein Vorsteher der Synagoge war, und fiel Jesus zu Füßen und bat ihn, in sein Haus zu kommen; denn er hatte eine einzige Tochter von etwa zwölf Jahren, die lag in den letzten Zügen. Als er noch redete, kam einer von den Leuten des Vorstehers der Synagoge und sprach: Deine Tochter ist gestorben; bemühe den Meister nicht mehr. Als aber Jesus das hörte, antwortete er ihm: Fürchte dich nicht; glaube nur, so wird deine Tochter gesund! – Als er aber in das Haus kam, ließ er niemanden mit hineingehen als Petrus und Johannes und Jakobus und den Vater und die Mutter des Kindes. Sie weinten aber alle und klagten um sie. Er aber sprach: Weint nicht! Sie ist nicht gestorben, sondern sie schläft. Und sie verlachten ihn, denn sie wußten, daß sie gestorben war. Er aber nahm sie bei der Hand und rief: Kind, steh auf! Und ihr Geist kam wieder, und sie stand sogleich auf. Und er be-

*fahl, man solle ihr zu essen geben. Und ihre Eltern entsetzten
sich. Er aber gebot ihnen, niemandem zu sagen, was geschehen
war.* (Lukas 8,40–42.49–56)

Herr, für dich ist der Tod wie ein Schlaf,
du kannst das Bitterste mit einem Handschlag wenden.
Was wir für groß und gewaltig halten,
ist vor dir wie Muscheln und Sand, wie alltägliches Leben.
Wir aber – wie sollen wir diese Sache verstehen?
Den Tod als Schlaf, aus dem du wecken kannst
– oder den Tod als Bestie, mächtig, und alle sind vor ihm gleich?
Die Tat am Kind des Jairus werden wir nie vergessen.
Seitdem ist der Tod nicht mehr wie zuvor.
Seitdem ist bei jedem, der stirbt,
ein Stück von der Botschaft eines Sieges,
ein Teil von dem Brot dieses Lebens,
ein Strahl dieser Sonne, die aufgeht,
ein Hauch dieses Windes vom Frühling her.
Wenn er nur glaubt, dann ist jeder, der stirbt,
wie ein Sieger in Fesseln – schon Sieger, noch in Fesseln.
Aber unsere Fragen kehren zurück:
Warum wird dieses Wunder nur erzählt als eines unter
anderen?
Warum erreicht die Auferstehung nur dieses Mädchen,
das doch wieder sterben mußte?
Alles, was hier geschieht, ist Hinweis, Vorzeichen, Zeichen.
Zeichen für was?
Tropfen auf einen einzigen heißen Stein
inmitten einer Steinwüste von Toten.
Aber du hast einen Bund geschlossen, daß du uns nimmer
verläßt.
Daß diese Spuren nicht Täuschung sind,
sondern auf den Schatz weisen, der schon daliegt, nur noch
gehoben werden muß.
Das Vorzeichen ist geändert: ein Plus oder ein Kreuz.
Es ist recht, dich dafür zu loben.

Die Auferstehung Jesu als Wunder

Vielleicht hat das sogenannte Messiasgeheimnis nach dem Evangelium des Markus eben diesen Sinn: Direkt im Anschluß an viele einzelne Wunder verbietet Jesus das Weitersagen. Aber nach der Auferstehung sollen sie es weitersagen dürfen, daß er Gottes Sohn sei (Markus 9,12). Ordnet Jesus das deshalb an, weil alle seine Taten erst durch die Auferstehung eindeutig legitimiert werden? Werden sie deshalb nur als Paket, eben in einem Evangelium gesammelt, angeboten, weil die Auferweckung darin wie ein Eckstein ist, der alles zu einem stabilen Bau zusammenschließt?

Daß die Auferstehung Jesu wie ein Schlußstein im Gewölbe ist, darauf weisen auch die Dialoge bei der Kreuzigung Jesu. Jesus wird dort aufgefordert, zu eigenen Gunsten ein Befreiungswunder zu wirken. Daß Jesus das unterläßt, weist darauf, daß er seine Befreiung für Gott selbst reservieren möchte. Auch der Evangelist Matthäus teilt die Auffassung, daß die Auferstehung Jesu zu den Zeichen gehöre, mit denen Jesus legitimiert werde. Denn er läßt Jesus auf die Frage nach dem bestätigenden Zeichen nicht nur mit dem Hinweis auf das Zeichen des Jona antworten, sondern fügt hinzu, wie Jona werde auch der Menschensohn drei Tage lang verschluckt sein (Jona vom Fisch, der Menschensohn von der Erde) und dann auferstehen. Die Auferstehung Jesu ist daher hier die Antwort auf die Zeichenfrage.

Im Unterschied zu den Totenerweckungen, die Jesus vollzieht, ist seine Auferstehung die endgültige Befreiung vom Tod. Die von Jesus erweckten Menschen sind dann irgendwann wieder gestorben, und sie waren nach der Auferweckung Menschen, die mit den anderen normal lebten – so ist es jedenfalls die Auffassung des Neuen Testaments. Anders bei Jesu eigener Auferstehung, die »in den Himmel hinein« (Erhöhung) geschah.

Zur neueren Diskussion um die Auferstehung Jesu ist im Zusammenhang dieses Buches zu sagen: Die Auferweckung Jesu gehört zu den »weichen« Fakten, die auch im Ergebnis für normale Weltsicht unvorstellbar sind. – Gerade deshalb aber ist es auch unmöglich, sie zu bestreiten oder zu behaupten, man wisse ganz genau, das Grab Jesu sei nicht leer gewesen.

Auch als hyperkritischer Historiker kann man dieses wohl sagen: Die Frauen bzw. die Jünger haben Jesus bzw. die Engel am Grab gesehen. – Welche Wirklichkeit diesem Sehen objektiv entsprach, das ist wissenschaftlich weder heute zu ermitteln, noch war es damals möglich. Denn es ist davon auszugehen, daß es sich um Wahrnehmungen im Rahmen des Zugangs zu mythischer Wirklichkeit handelte. Daß »mythisch« etwas anderes ist als »unwahr« oder »nicht wirklich«, wurde oben gezeigt.

8. Teil
Ergebnis

Das Außerordentliche als Maß des Christlichen

Die Wunder im Neuen Testament und in der weiteren Kirchengeschichte stehen dafür, daß nur das Außerordentliche rettet. Wenn wir die Wunder mit einem »Stolpern« ins Heiligtum oder einem »Schock« verglichen haben, dann haben wir versucht, darin einzufangen, was in vielen Abwandlungen der Kerngehalt des berühmten »Chorschlusses« der Wundererzählungen ist: Alle staunten, gerieten außer sich und lobten Gott. Das Wundergeschehen selbst ist offenbar nicht zu trennen von der überwältigenden Anfangserfahrung angesichts der Einheit von Bote und Botschaft. Nach der Auffassung der Zeugen werden nicht etwa Naturgesetze durchbrochen, wohl aber der für das Leben der Menschen ungleich wichtigere Trott und Filz der Alltäglichkeit. Von daher gilt: Das Außerordentliche ist das Maß des Christlichen.

Gegen diesen Satz wird man vielerlei Einwände erheben können. Vor allem diesen: Ist nicht die schlichte Unauffälligkeit des Alltags das Maß des Christlichen? Sollte Kirche nicht mitten unter der armen, kleinen, grauen Alltäglichkeit stehen – das Kirchengebäude nicht prächtig, sondern wie die Hütten der Armen? Sind nicht die geborenen Schwestern der Außerordentlichkeit Prunksucht und Heuchelei? Was kann es in der Gemeinschaft der Sünder anderes geben als die außerordentliche Schuld jedes einzelnen?

Nein, gegen alle diese Überlegungen protestiere ich. Denn die schlichte Unauffälligkeit ist kein Ideal, sondern die Bankrotterklärung eines werbenden Christentums. Die graue Alltäglichkeit hat zum Verlöschen jeder Freude am eigenen

Glauben geführt, man sollte sie nicht anpreisen, sondern aufhellen. Kirchengebäude, die sich nur einreihen in die Betonkultur der Groß- und Vorstädte, teilen deren Phantasielosigkeit und Menschenfeindlichkeit. In der anschaulichen Reproduktion des Elends leisten christliche Kirchen zwar einen wichtigen Beitrag zur Wahrhaftigkeit, aber das ist leider erst weniger als die »halbe Wahrheit«. Und daß die Christen Gemeinschaft der Sünder seien, ist in demselben Sinne viel zu wenig, redet doch Paulus die Gemeinden als die »Heiligen« an. Nein, wer erklärt, es sei ideal, sich unauffällig zu verhalten und beim Status des Sünders zu verharren, der macht seine Selbstgenügsamkeit und oft genug auch die Feigheit zum eigentlichen Maßstab des Christlichen. Wer unauffällig bleiben will, fügt sich der Menge, und eben darunter leidet Christentum, daß es viel zu wenige gibt, die gegen den Strom schwimmen wollen.

Ein Blick auf das Neue Testament kann uns zu unserem großen Erstaunen zeigen, daß Christen von Anfang an und durchgehend die besondere Chance des Außerordentlichen gesehen, gewürdigt und für das kennzeichnend Christliche gehalten haben. Es beginnt bei den Gleichnissen. Schon längst hat die Forschung ermittelt, daß die Extravaganz Merkmal der umfangreicheren Gleichnisse Jesu ist, ein Zug des erzählten Geschehens, der die normale alltägliche Erwartung sprengt. So etwa, wenn der Vater dem verlorenen Sohn bei dessen Rückkehr sogar entgegenläuft, oder wenn der Bräutigam im Gleichnis von den zehn Jungfrauen ohne Entschuldigung zu spät kommt und sich rüde verhält. Die Extravanganzen sollen den Hörer besonders aufmerksam machen und stehen für die Radikalität des Angebotenen und des Geforderten.

Die Bergpredigt leitet Jesus mit dem Satz ein, daß nur eine außerordentliche Gerechtigkeit, nämlich eine, die die der Pharisäer weit übertrifft, den Zugang zum Reich Gottes gewährleisten kann. Und wenn Jesus mit einer Gruppe von Jüngern und Jüngerinnen durch Palästina zieht, die ohne Heimat sind und von denen er gefordert hatte, sie sollten sich von ihren Angehörigen trennen, sie »hassen«, dann ist das eine außergewöhnliche Lebensform. Wenn Jesus sich mit unmäßig teurem Öl salben läßt, so ist das außergewöhnlich, ja skandalös. Und schon seine Lebensform, unverheiratet zu sein, fällt aus dem Rahmen des Normalen. Die Linie setzt sich fort über Jesu Aufforderung zum Kreuztragen bis zu seinem Martyrium und dem fast aller seiner Jünger. Wenn Paulus die Gemeinden »Heilige« nennt, dann meint er damit die Ausnahme, ausgesondert aus dem Meer der Sterblichen. Ähnlich nennt Jesus die Jünger Licht der Welt und Salz der Erde, damit durch ihre guten Werke die übrigen Menschen zu Gott finden.

Das Außerordentliche, das Jesus anbietet, wird im Bilde eines riesigen Schuldenerlasses dargestellt, und das ebenso Ungewöhnliche, das er fordert, gipfelt in der Märtyrerethik der Bergpredigt (Wange hinhalten, Feinde lieben). Beides dient dazu, die Menschen wachzurütteln. Wenn sie nur ihre alltäglichen gewohnheitsmäßigen Handlungen fortsetzen, haben sie keine Chance, zum Leben zu gelangen. Indem Jesus so das Außergewöhnliche in den Mittelpunkt stellt, verfolgt er einen eigenen Stil der Präsentation, denn das Außergewöhnliche reizt und schreckt auf, läßt aufwachen und versetzt in notwendige Unruhe. Man kann sagen: Ein besonders aufmerksames Auge auf die Medien ist dem Christentum mit in die Wiege gelegt.

Nur das Außerordentliche rettet: Der geliebte Sohn Gottes wurde schutzlos zu den Menschen gesandt, die ihn in einem Verfahren von skandalöser Ungerechtigkeit töteten. Diese extreme Dramatik wird von Gott als Gelegenheit genommen, seine alles Begreifen übersteigende Feindesliebe zu zeigen. Im Kern alles Ungewöhnlichen steht diese Tat Gottes.

Auch die Wundererzählungen haben ihre Extravaganzen, so etwa, wenn die Menschen ein Hausdach abdecken, um den Kranken zu Jesus herunterzulassen, oder wenn die Kanaanäerin Jesus überreden muß, sich ihrer zu erbarmen. Oder wenn Jesus die Heilung mit Sündenvergebung verknüpft, die nur Gott zusteht, und so zeigt, wes Geistes Kind seine Heilungen sind. Oder wenn Jesus die ähnlichen Wundertaten der alten Propheten bei weitem übertrifft.

Direkt den Wundererzählungen benachbart sind im frühen Christentum die Charismen. Das waren nicht Begabungen, wie wenn jemand gut Klavier spielen konnte, sondern Gaben, die den Blick der Zeugen himmelan lenkten, weil man sagte: Daß jemand so etwas tun kann, kann nur Gabe Gottes selbst sein. Zu den Charismen gehört nicht nur Prophezeienkönnen, sondern immer auch Dienen: Daß hier jemand selbstlos auf Lohn verzichtet, kann nur darin seinen Grund haben, daß er ihn vom Himmel her erwartet.

Das Außerordentliche ist das Maß des Christlichen. Denn hier haben wir es mit Gottes heiliger Gegenwart selbst zu tun, und dadurch ist eine Ausnahmesituation geschaffen. Die Chancen für eine selbstgenügsame christliche Bürgerlichkeit, die Christsein am Berufsbild des Beamten orientiert, stehen daher von Anfang an schlecht. Es ist wahr: Vielleicht kann man sich auch an das Außergewöhnliche gewöhnen und es abnutzen. Aber es hat doch zu allen Zeiten und immer wieder tröstliche Aufbrüche gegeben. An Ortschaften in Frankreich wird einem das bisweilen klar. Inmitten unscheinbarer Häuser einer recht kleinen Ortschaft errichteten sie eine Kathedrale. Sie hatten verstanden, was ein Wunder ist, indem sie ein Wunderwerk bauten, zu dem die Menschen im wörtlichen Sinne des Wortes aufschauen konnten. Nein, billiger ging es nicht. Denn wer eine Kathedrale bauen kann, der ist gerettet.

Zusammenfassung: Der dritte Weg

Wunder werden nicht (fundamentalistisch) für wörtlich genommen wie ein Unfall vor dem Haus, den wir durch das Fenster miterleben. Sie werden aber auch nicht vergeistigt und moralisiert. – Wir gehen einen anderen Weg: Auch wenn das Ergebnis eines Wunders oftmals ein hartes Faktum war, so war das Zustandekommen des Ergebnisses selbst nicht mechanisch, physikalisch oder im Sinne einer Kausalität zu erklären. Vielmehr haben wir einen dritten Weg rekonstruiert: mythisch-mystisches Wahrnehmen und Erleben.

Zu dieser Art der Wahrnehmung gehört eine bestimmte Auffassung des menschlichen Leibes. Der Leib ist nicht eine »harte« Maschine, sondern die Art, in der der Mensch existiert, ein sensibles und komplexes »System«.

Unser Weg zeigt überall Spuren der gegenwärtig aktuellen Auseinandersetzung über die Frage, ob das Christentum ohne die unsichtbare Welt Gottes und die Ereignisformen von Epiphanie (Gott wirkt in die Welt ein, indem er in ihr gegenwärtig wird) und Wunder auskommen kann. Entsprechend wird der Versuch unternommen, mythische Wahrnehmungsformen nicht nur für das Neue Testament, sondern als auch heute geltend aufzuzeigen.

Die Unterscheidung zwischen »harten« und »weichen« Fakten ermöglicht es uns, Gemeinsames und Unterschiedlichkeiten in der Auffassung der Wirklichkeit damals und heute festzuhalten. »Weiche« Fakten sind solche, die wir *heute* in der Regel weder erfahren noch experimentell herstellen können, da sie dem Raster unserer alltäglichen Wirklichkeit entgehen.

Die zentrale These ist, daß Wunder als »Heilung vom Heiligen her« zu verstehen und auch aktuell sind. Denn da Gott in Jesus gegenwärtig ist, kann er Kranken oder Toten befehlen, als seien sie lebendig: Die Unterschiede sind vor ihm verschwunden.

Ein Gegensatz zwischen biblischer Wunderauffassung und moderner Naturwissenschaft ergab sich nicht. Denn wenn es mehrere Zonen der Wirklichkeit gibt, kommt es darauf an, an welcher ich mich orientiere und in welche ich investiere. Setze ich auf die biochemische Seite, dann gelten da andere Regeln als auf der mythisch-spirituellen. – Heute ist es sicher angemessen, sich – gewissermaßen interdisziplinär – um alle Bereiche zu kümmern.

Moralisierung und Verflüchtigung (»Spiritualisierung«) der Wundergeschichten sind umzukehren. Wichtig ist dabei, die Dimension des Segens wiederzuentdecken. Wenn Christentum dreidimensional wird und nicht bloße Lehre bleibt, dann gewinnen Segen und Daseinsfreude sowie sichtbare Gestalten des Gebets an Bedeutung (Handauflegung, Salbung, Wallfahrt, die Regel der häufigen Wiederholung). Die Tage der Alleinherrschaft der Kreuzestheologie und der eschatologischen Dialektik sind dann gezählt.

Verzeichnis der Bibelstellen

Bei den Wundergeschichten und einigen zentralen Einzelversen sind auch die Parallelen in den anderen Evangelien, die im Buch nicht angegeben werden, im Register aufgeführt. Dabei wird auf die im Buch erwähnte Parallelstelle verwiesen (Beispiel: Matthäus 4,18–22 *s. Lk 5,1–11*).

2 Mose
12,42   *77*
18,21.25   *119*
33,22   *137*
34,5f   *137*

1 Könige
17,10–16   *142*
17,21   *159*
19,9–13   *137*
19,11   *137*

2 Könige
4,34   *159*
4,42–44   *142*

Hiob
9,8   *152*
38,1   *137*

Psalmen
2   *114*
76,20   *152*
104,14f   *141*
110,1   *151*

Jesaja
1,16   *24, 25*
61,1f   *103*

Matthäus
4,18–22   *s. Lk 5,1–11*
5,28   *65*
7,5 (par Lk 6,41f)   *24*
8,5–13   *s. Lk 7,2–10*
9,1–8   *s. Mk 2,1–12*
9,20–22   *s. Mk 5,25–34*
10,14 (par Mk 6,11; Lk 9,5)
   144
11,2   *148, 160*
11,5 (par Lk 7,22)   *160*
12,9–14   *s. Mk 3,1–6*
14,13–21   *s. Mk 8,1–9*
14,22–36 (par Mk 6,45–52;
   Joh 6,15–21)   *139*
15,32–39   *s. Mk 8,1–9*
16,17   *18*
17,24–27   *141*
20,29–34   *s. Mk 10,46–52*
21,18–22
   s. Mk 11,12–14.20
28,19   *129*

Markus

1,16–20 *s. Lk 5,1–11*
1,24 *127*
2,1–12 (par Mt 9,1–8;
   Lk 5,17–26) *20, 57, 125,
   134*
3,1–6 (par Mt 12,9–14;
   Lk 6,6–11) *154*
5,21–24.35–43
   s. Lk 8,40–42.49–56
5,25–34 (par Mt 9,20–22;
   Lk 8,43–48) *12, 127*
5,34 *57*
6,5f *46*
6,30–44 *s. Mk 8,1–9*
6,45–51 (par Mt 14,22–36;
   Joh 6,15–21) *136*
6,48 *137*
8,1–9 (par Mt 15,32–39)
   117
8,17–18 *18*
8,22–26 *22*
8,29 *18*
8,35 *63*
9,12 *164*
9,28f *47, 96, 123*
10,46–52 (par Mt 20,29–34;
   Lk 18,35–43) *25*
11,12–14.20
   (par Mt 21,18–22) *144*

Lukas

4,18 *103*
5,1–11 (par Mt 4,18–22;
   Mk 1,16–20) *133*

5,17–26 *s. Mk 2,1–12*
6,6–11 *s. Mk 3,1–6*
7,2–10 (par Mt 8,5–13;
   Joh 4,46–53) *52*
7,22 (par Mt 11,5) *149, 160*
7,36–50 *57*
7,50 *57*
8,43–48 *s. Mk 5,25–34*
8,40–42.49–56
   (par Mt 9,18–19.23–26;
   Mk 5,21–4.35–43) *163*
9,10–17 *s. Mk 8,1–9*
9,54f *145*
11,20 *147*
11,22f *13*
13,10–17 *153*
13,11f *103*
17,11–19 *58, 59*
18,35–43 *s. Mk 10,46–52*
24,16 *23*

Johannes

1,21 *157*
2,19–21 *134*
2,21 *128*
4,46–53 *s. Lk 7,2–10*
5 *113, 154*
5,14 *134*
6 *18*
6,1–15 (par Mt 14,13–21;
   Mk 6,30–44; Lk 9,10–17)
   *141, 142; s. auch
   Mk 8, 1–9*
6,16–21 (par Mt 14,22–36;
   Mk 6,45–52) *139*

6,22ff *142*
9 *24, 25*
11 *154, 161*
14,6 *39*
21,1ff *143*

Apostelgeschichte
4,23–31 *114*
8,20.24 *145*
8,39f *85, 98*
9,8f *23*
12,15 *139*
13,11 *144*
14,12–15 *113*
20,8–12 *159*

Römer
1,3f *161*
10,10–13 *58*

1 Korinther
3,16 *128*
5,1–5 *145*
5,3–5 *85, 100*
6,15 *128*
7,1–4.34 *100*
7,14.16 *58*
7,34 *128*
8,4–6 *27*
15,20–28 *149*

Galater
3,16–22 *59*
3,28 *132*
6,17 *98*

Hebräer
11,11 *103*

Jakobus
5,14f *123*

Offenbarung
11,5 *145*
19–20 *151*
22,16 *77*

Wundergeschichten werden auch in anderen Werken von Klaus Berger in Gestalt von (Predigt-)Meditationen konkretisiert. Die genannten Titel sind im Quell Verlag Stuttgart erschienen:

Matthäus 14,29–31 *(Seewandel des Petrus)* in: Wie ein Vogel ist das Wort, 1987, 86–92

Markus 5,1–20 *(Heilung des Besessenen)* in: Ebd., 13–17

Markus 6,35–44; 8,1–9; Johannes 6,5–13 *(Speisung/Brotvermehrung)* in: Manna, Mehl und Sauerteig, 1993, 119–127

Lukas 7,36–50 *(Sündenvergebung ist wie Heilung)* in: Wie ein Vogel ist das Wort, 210–213

Lukas 24,50–53 *(Himmelfahrt)* in: Ebd., 152–157

Johannes 2,1–11 *(Weinwunder/Hochzeit zu Kana)* in: Ebd., 213–216

Johannes 11,1–45 *(Auferweckung des Lazarus)* in: Wer war Jesus wirklich? 3. Aufl. 1996, 146–150

Apostelgeschichte 1,9–11 *(Himmelfahrt)* in: Wie ein Vogel ist das Wort, 160–164

Apostelgeschichte 17,22–32 *(Auferstehung)* in: Ebd., 164–167

Römer 9,6 *(Auferstehung)* in: Ebd., 167–169

GTB — Sachbuch

Klaus Berger

Wie kann Gott **Leid** und **Katastrophen** zulassen?

Klaus Berger
Wie kann Gott Leid und Katastrophen zulassen?
245 Seiten. Kt.
[3-579-01449-8]
GTB 1449

*W*enn wir Leid erfahren, eine schwere Krankheit unser Leben bedroht oder ein nahestehender Mensch stirbt, wird der Grund unserer Existenz erschüttert und der Glaube an Gott auf eine harte Probe gestellt. Klaus Berger sucht Antworten in den Zeugnissen des Neuen Testaments, in denen nach dem Sinn des Leidens gefragt wird. Die Antworten, die er dort findet, sind äußerst ungewohnt, aber auch befreiend.

Tel. 0 52 41 / 74 05 - 41
Fax 0 52 41 / 74 05 - 48
Internet: http://www.guetersloher-vh.de
e-mail: info@guetersloher-vh.de

Gütersloher Verlagshaus

Klaus Berger